This book belongs to

....

....

Animal word Search

```
T G L P G P Z N H L N R
V U S F A O K X N A N A
F A R R N H D K B R Z B
X H R T F X P R V H E B
E O Z Y L D Y Y M P M I
T V U B B E E O N S P T
G P B U F M R R Z K M U
C W T D W C U T D N I P
R S X Y Q X E A N R P Z
Y P P U P U C C E D D A
```

Find the following words in the puzzle

DOG	PUPPY
CAT	RABBIT
PARROT	TURTLE

Animal word Search

```
R E T S M A H P B K N G
Y D I Q M K D M E O O E
C M X N W P N I Z L L S
C S R E S T J E D G I U
X A W K Q N U F T A E O
K Z C F N W I M K T D M
N U E K B S K X M P I G
D S G E H J C D S N F K
D X O P R K X I Q J S B
B O G N V Y C B Z L D Q
```

Find the following words in the puzzle

DUCKS

FISH

GOLDFISH

HAMSTER

KITTEN

PIG

Animal word Search

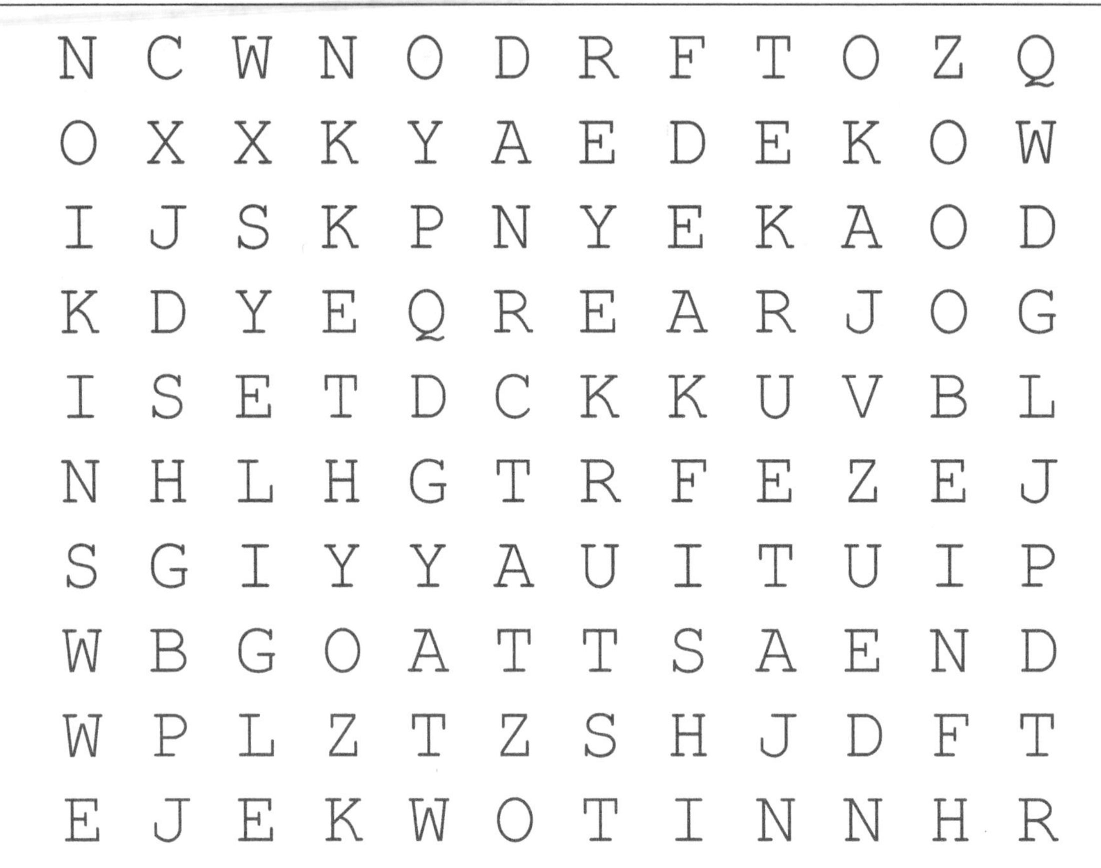

Find the following words in the puzzle

DEER	GOAT
DOVE	SHEEP
FISH	TURKEY

Animal word Search

```
J P H H I Z T S J H U E
P Y U Q F S D X T R S C
O L R K Y A D H F O C R
R W C J C G O O S E R G
E O H G P O G S D S Z K
X R T N E K C I H C L E
H R L T W A O A R J S S
F A D J X C A C E R V K
I P R W G Z K X O P T Y
K S J E R M T H M R B N
```

Find the following words in the puzzle

CHICKEN	GOOSE
SPARROW	HORSE
STORK	PEACOCK

Animal word Search

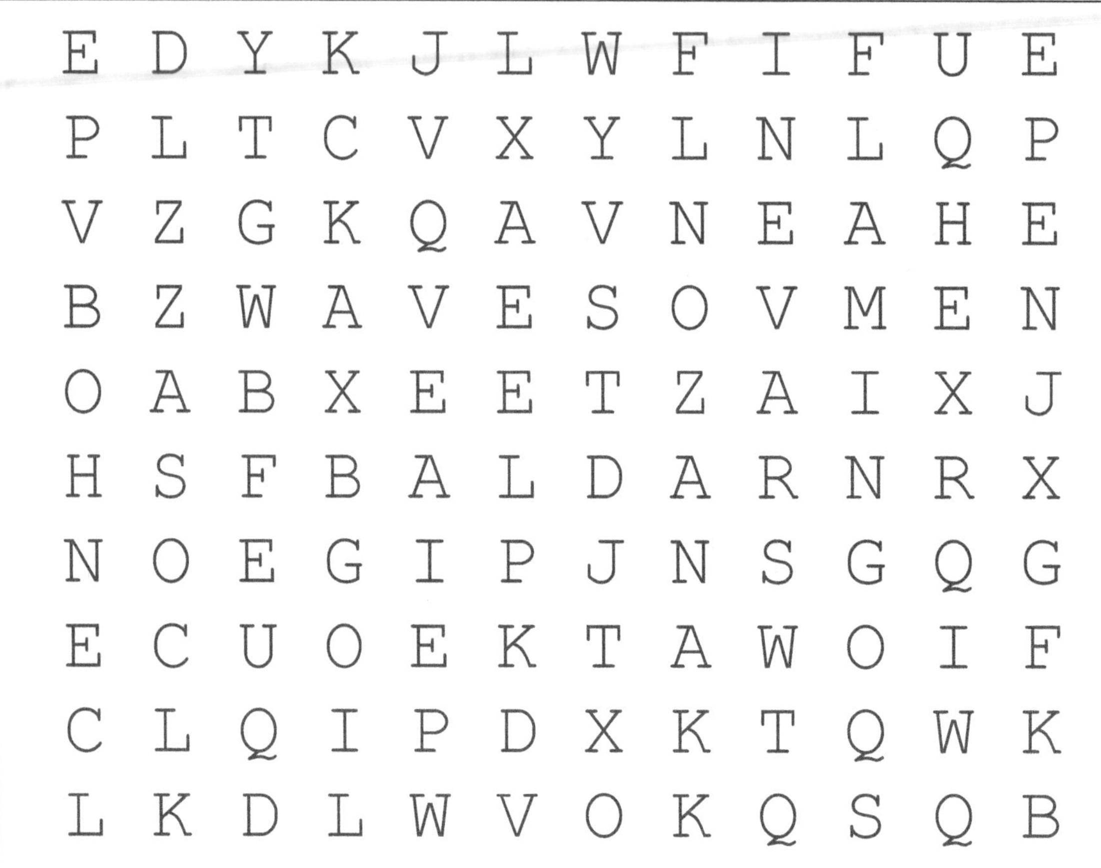

Find the following words in the puzzle

BALD	HAWK
EAGLE	PIGEON
FLAMINGO	SEAGULL

Animal word Search

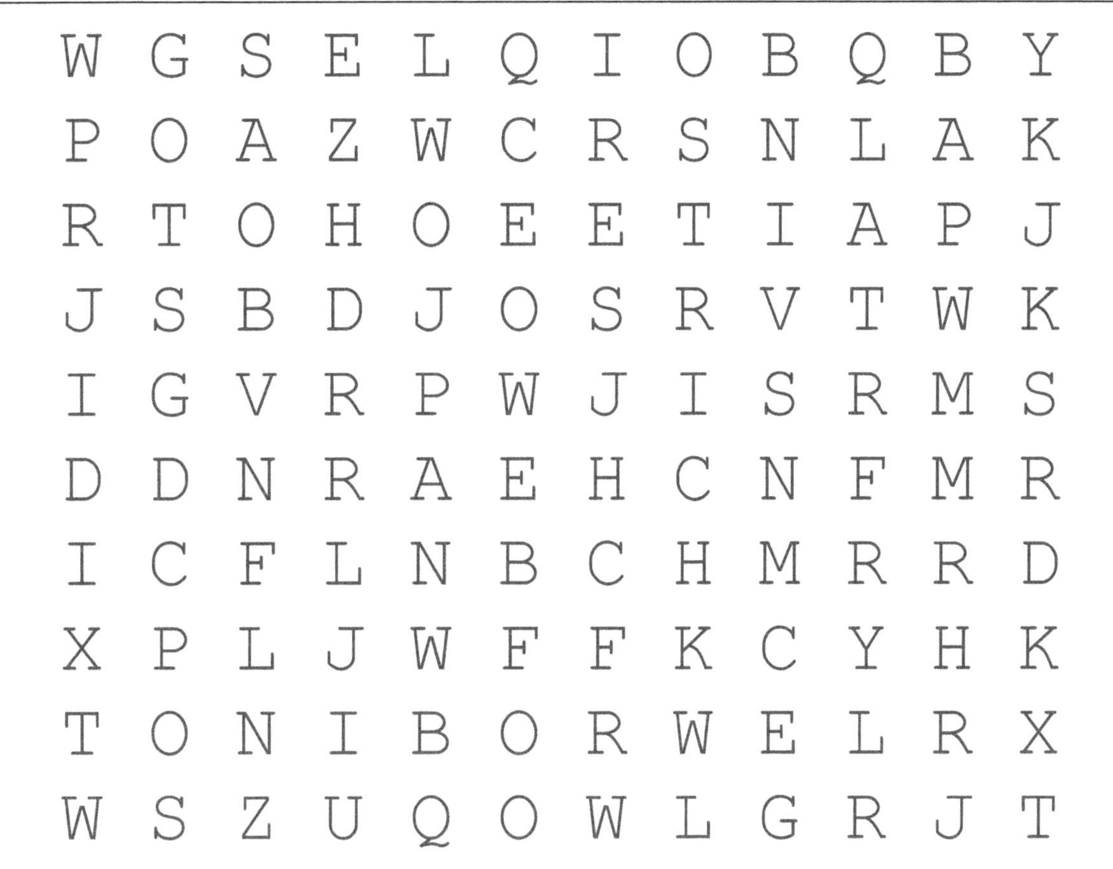

Find the following words in the puzzle

OSTRICH

OWL

SWAN

ROBIN

WOODPECKER

SWALLOW

Animal word Search

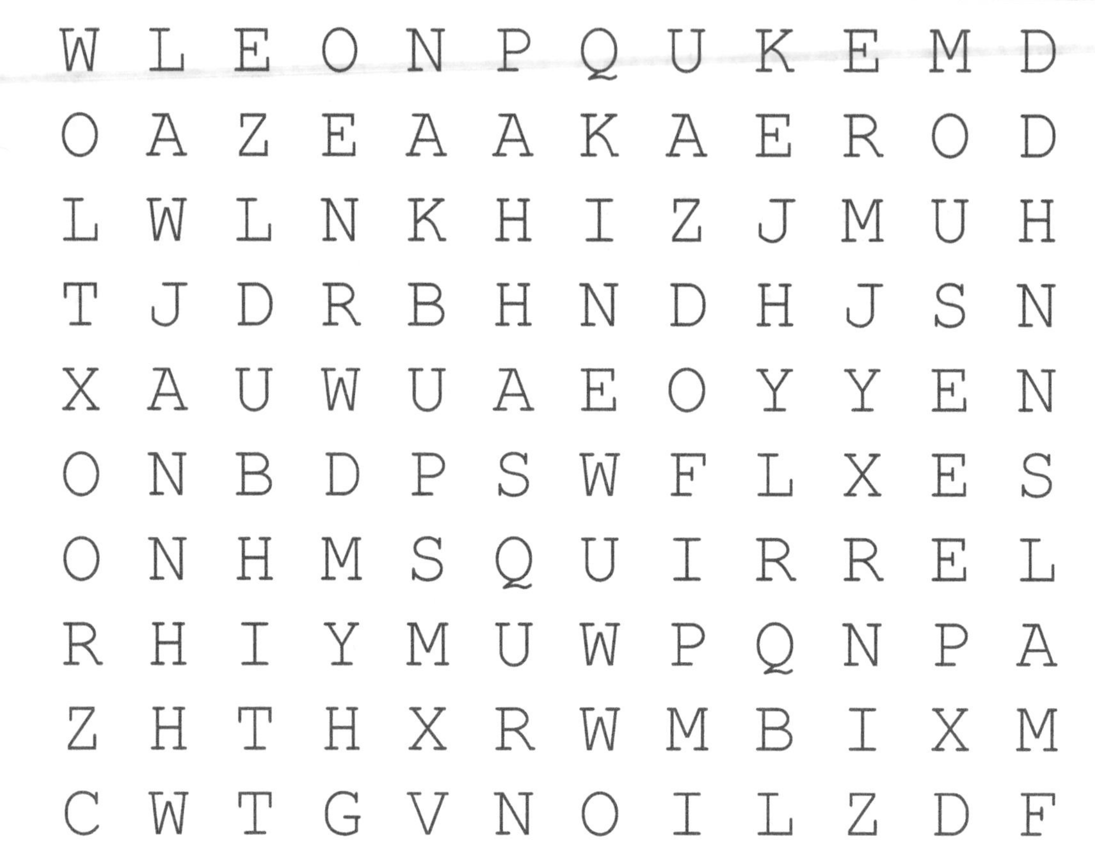

Find the following words in the puzzle

CHIMPANZEE	LION
SQUIRREL	PANDA
WALRUS	MOUSE

Animal word Search

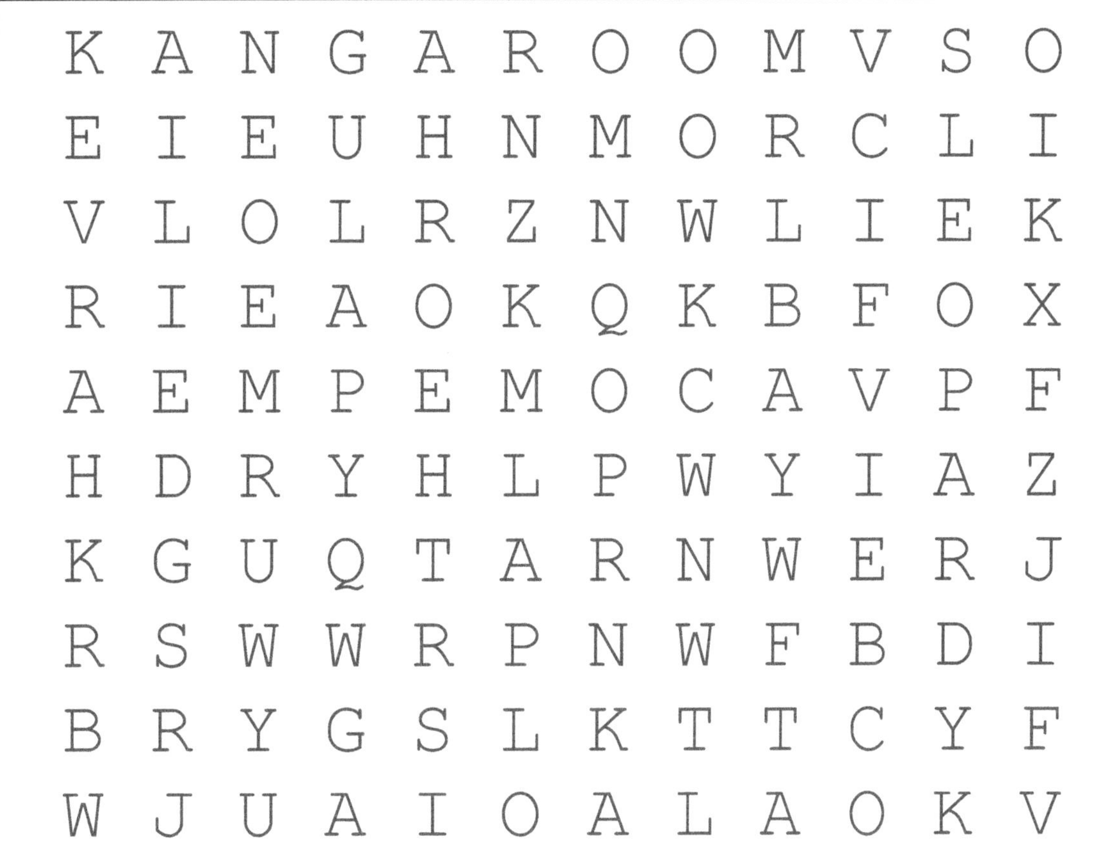

Find the following words in the puzzle

ELEPHANT

LEOPARD

KANGAROO

MOLE

KOALA

MONKEY

Animal word Search

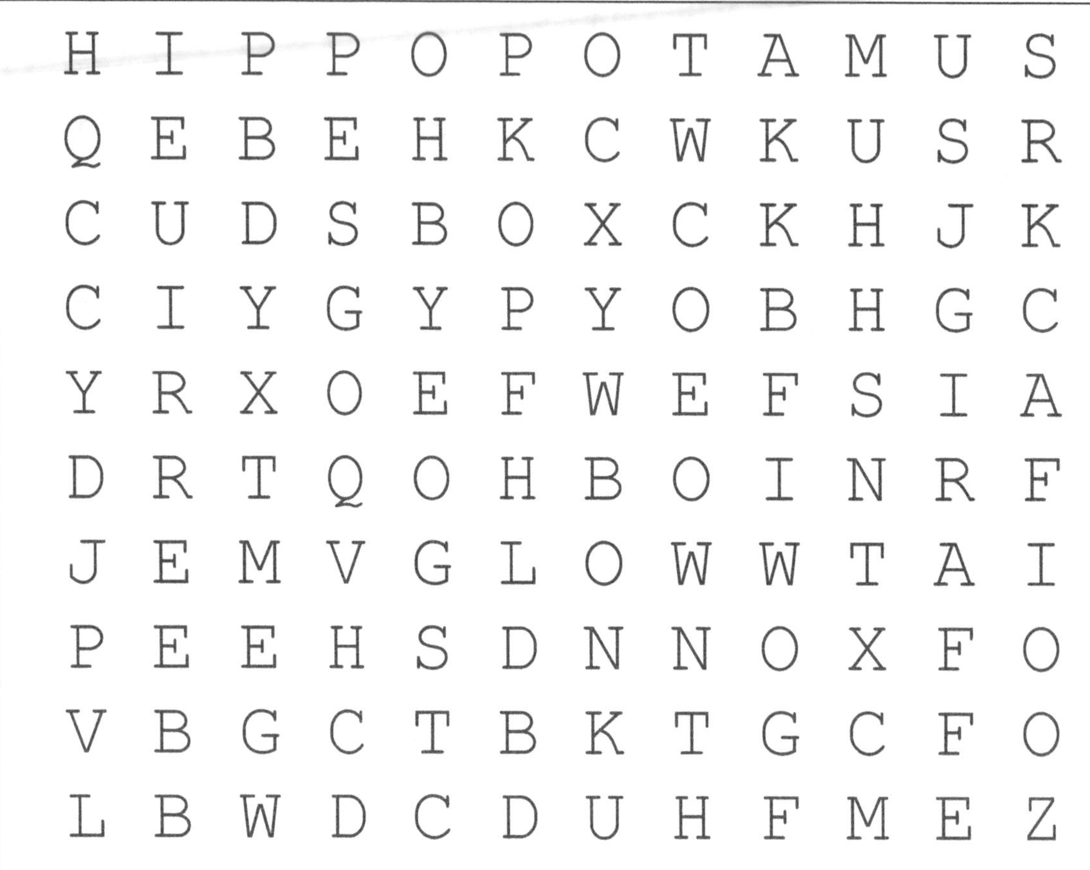

Find the following words in the puzzle

FOX	SHEEP
COYOTE	GIRAFFE
HIPPOPOTAMUS	HEDGEHONG

Animal word Search

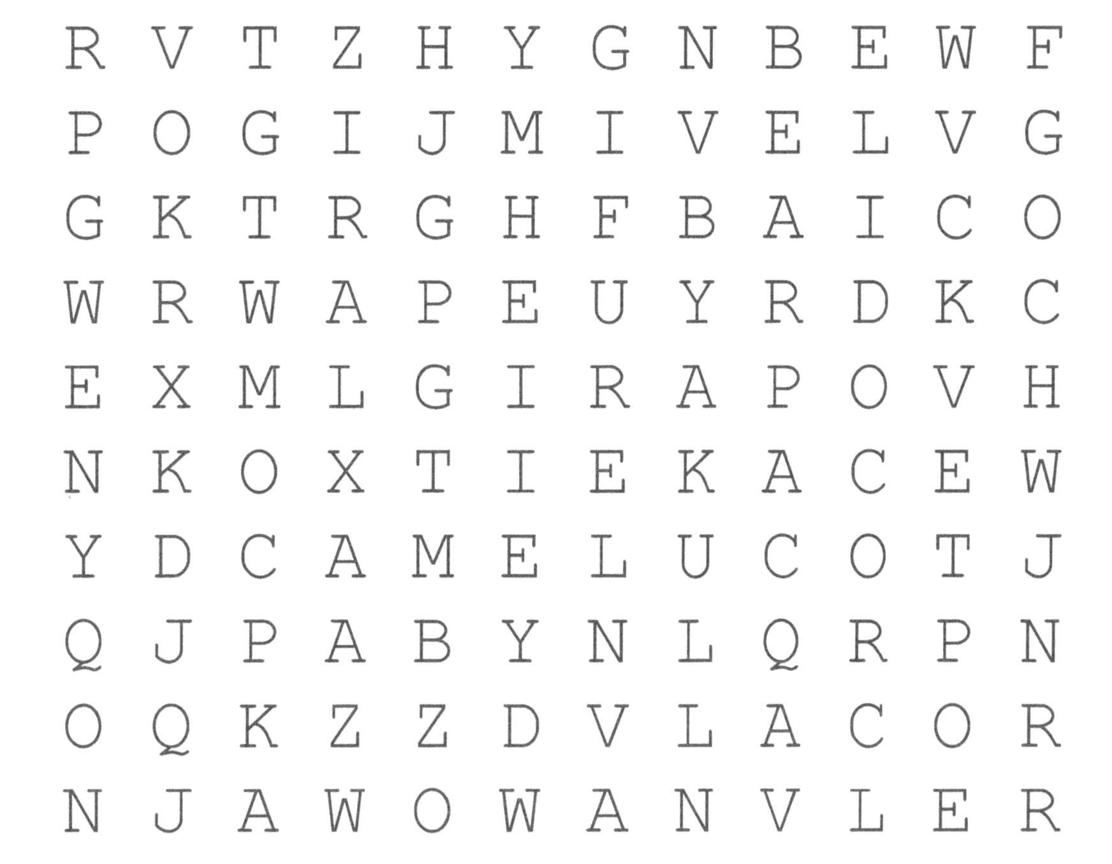

Find the following words in the puzzle

BEAR

ALLIGATOR

CROCODILE

CAMEL

DOLPHIN

TIGER

Animal word Search

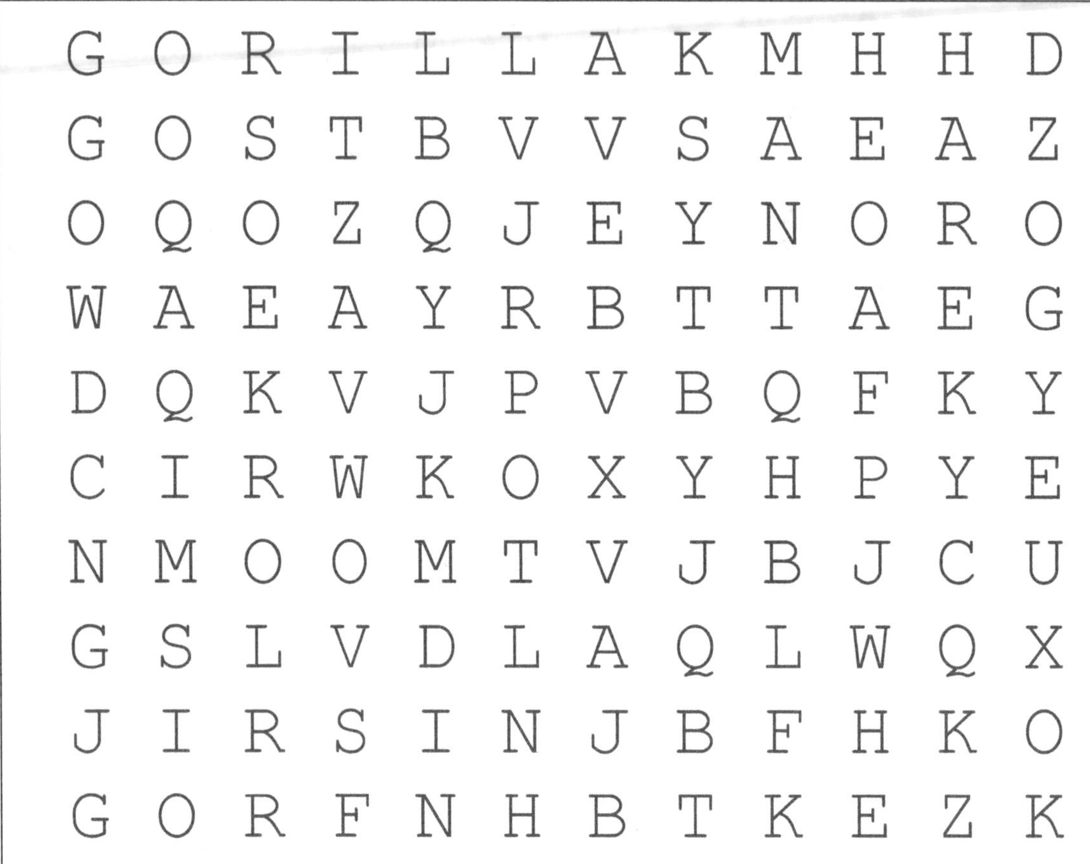

Find the following words in the puzzle

BAT

SNAKE

FROG

GORILLA

TOAD

HARE

Animal word Search

R E G D A B T R D U V R
M F Z D E Y E P V B D E
Q E V R R I R D Y R H T
W J D N N A F U P F E T
E G O D R B Z S X R D O
E N E T L N S I A X G L
H E A K Q P R H L T E H
R R D X H Y V B H S H L
N C V K X M N D R K O B
R P J K M A T N P U G R

Find the following words in the puzzle

BAGER	OTTER
HEDGEHONG	RAT
LIZARD	REINDEER

Animal word Search

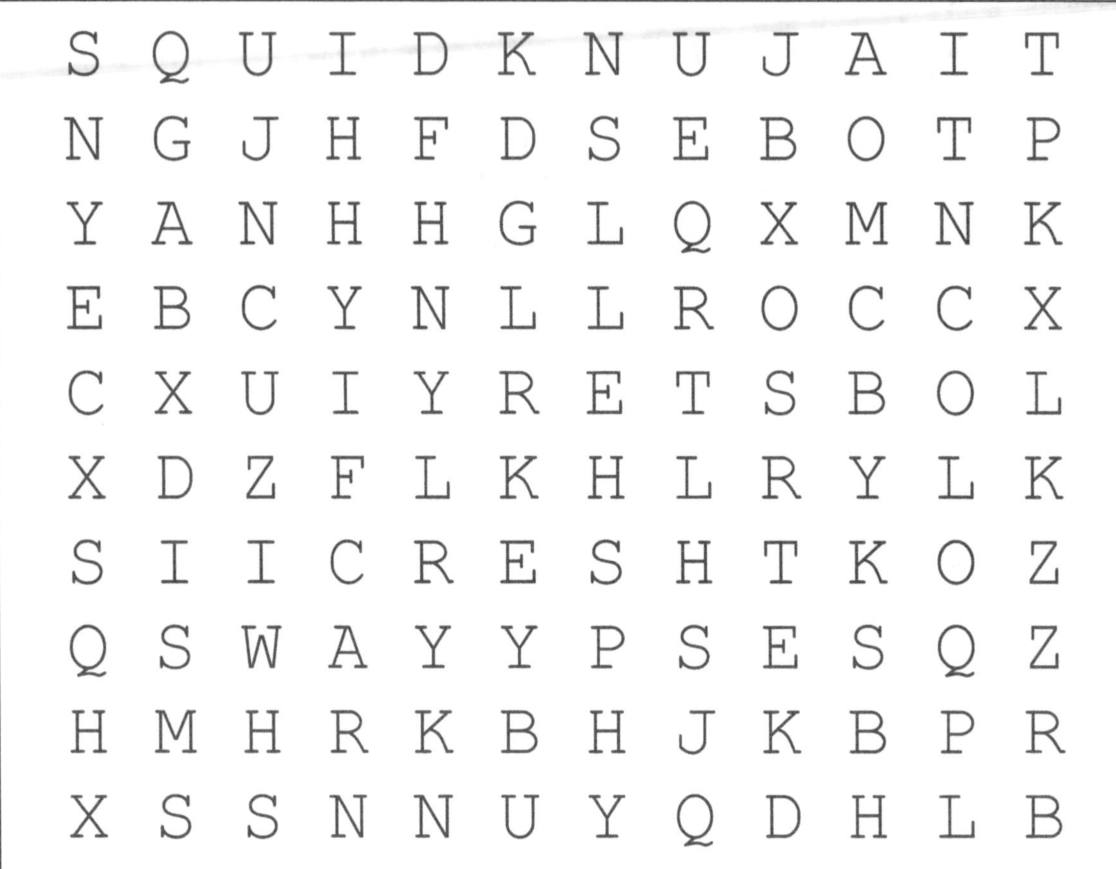

Find the following words in the puzzle

JELLYFISH	LOBSTER
SQUID	PELICAN
SHARK	SHELLS

Insect word Search

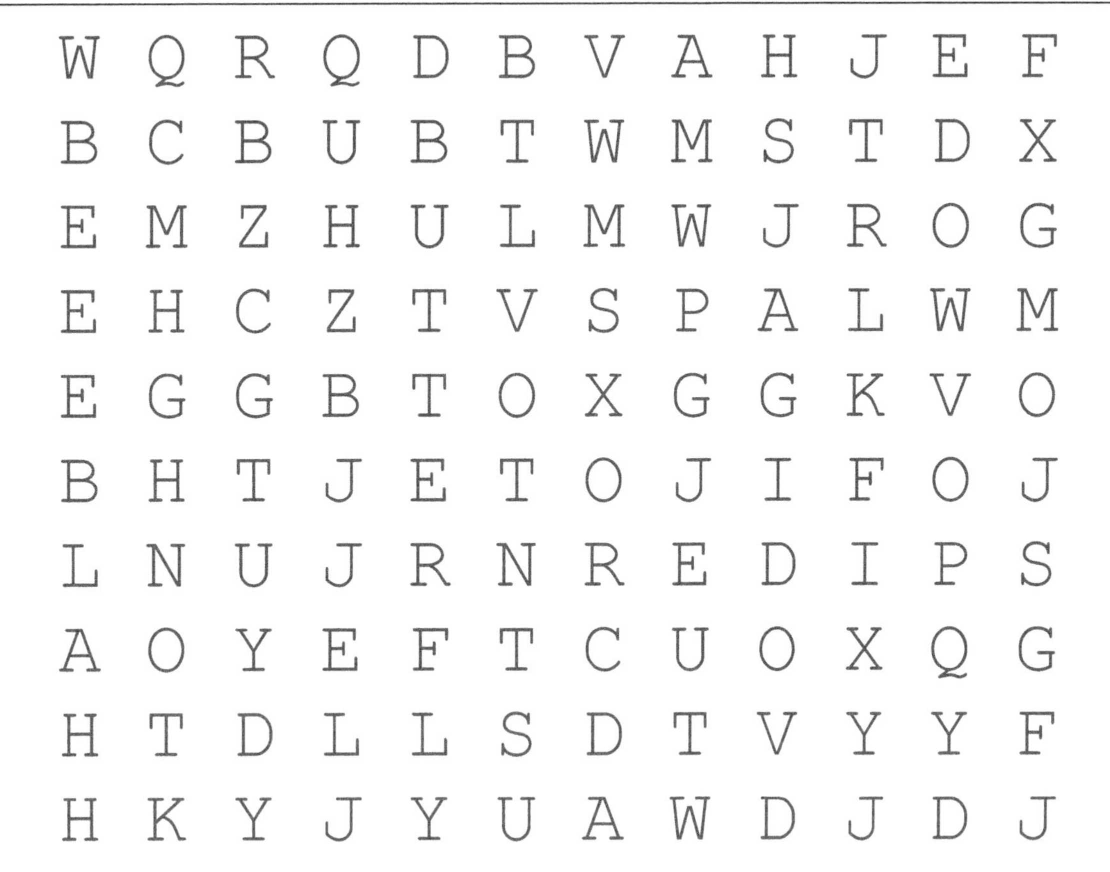

Find the following words in the puzzle

ANT

BEE

BUTTERFLY

DRAGONFLY

SPIDER

MOTH

Insect word Search

```
G C J F B D Z J V I A E
J H M L Q A P K I Q U D
S B C U J R H Q G S H E
S E C A M K G A I G T P
R E P P O H S S A R G I
S T A C R R R U F U U T
Y L P B J Q K L Q T W N
H E E W Z D Y C K C O E
M O S Q U I T O O P W C
M C C Z M M I Q V C Q I
```

Find the following words in the puzzle

FLY	BEETLES
COCKROACH	MOSQUITO
GRASSHOPPER	CENTIPEDES

Fruits word Search

Find the following words in the puzzle

ORANGE	CHERRY
WATERMELON	PEAR
APPLE	STRAWBERRY

Fruits word Search

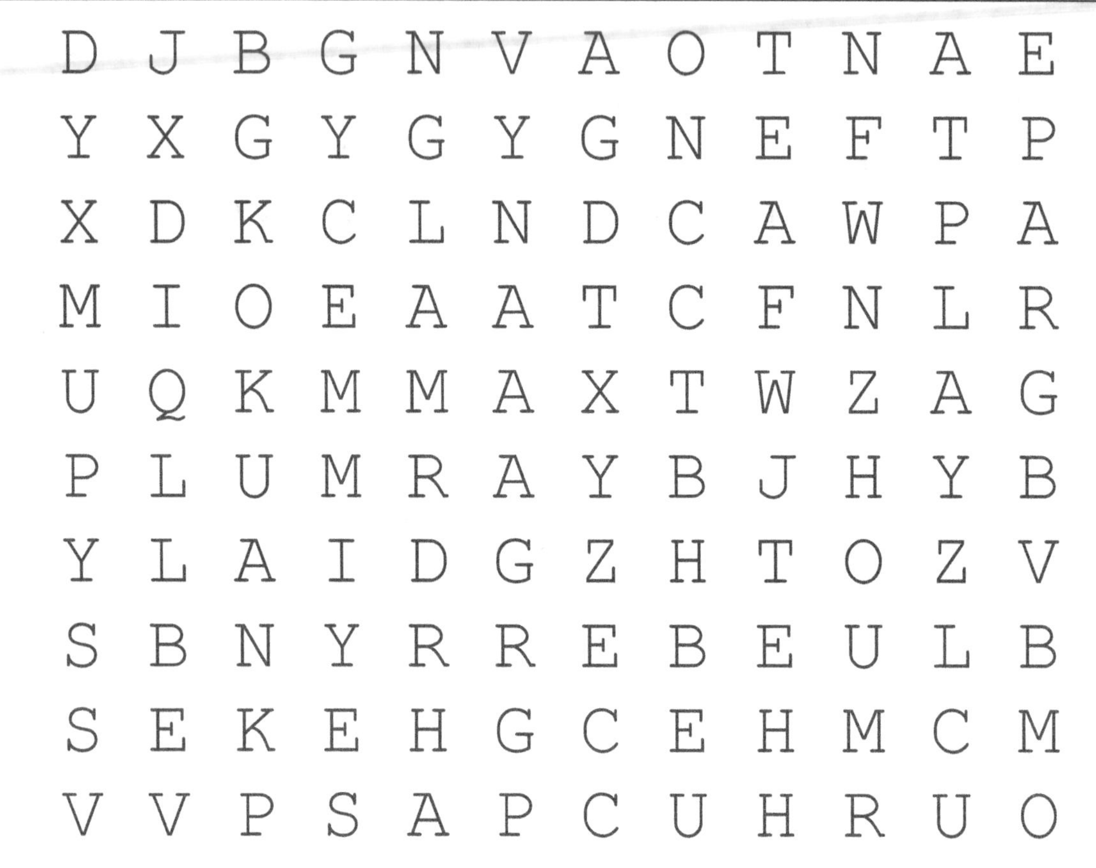

Find the following words in the puzzle

BANANA	BUEBERRY
NECTARINE	GRAPE
PLUM	MANGO

Fruits word Search

```
Z L P N R P I Z K C K C
I B X T A A C T V J A J
T A O V S Q T J A Y L N
R Z U Z P T Y C A R G I
K Q P U B E K P O P T R
O T E B E F A Z Z J T A
F M K R R P K I W I X D
J D I U R M A G C B B N
I N I Z Y Z K Y F A L A
O T E L P P A E N I P M
```

Find the following words in the puzzle

JACKFRUIT	KIWI
PINEAPPLE	MANDARIN
RASPBERRY	PAPAYA

Fruits word Search

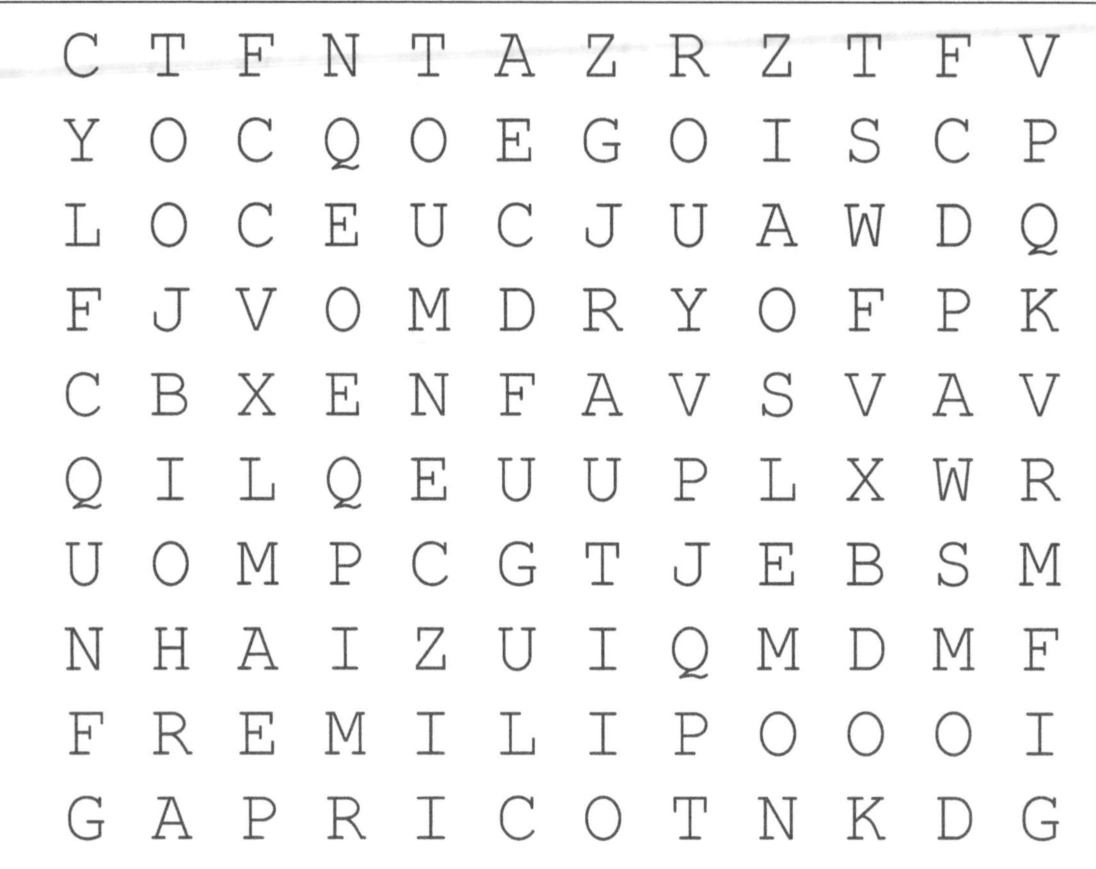

Find the following words in the puzzle

APRICOT

COCONUT

MELON

GRAPEFRUIT

LIME

LEMON

Vegetables word Search

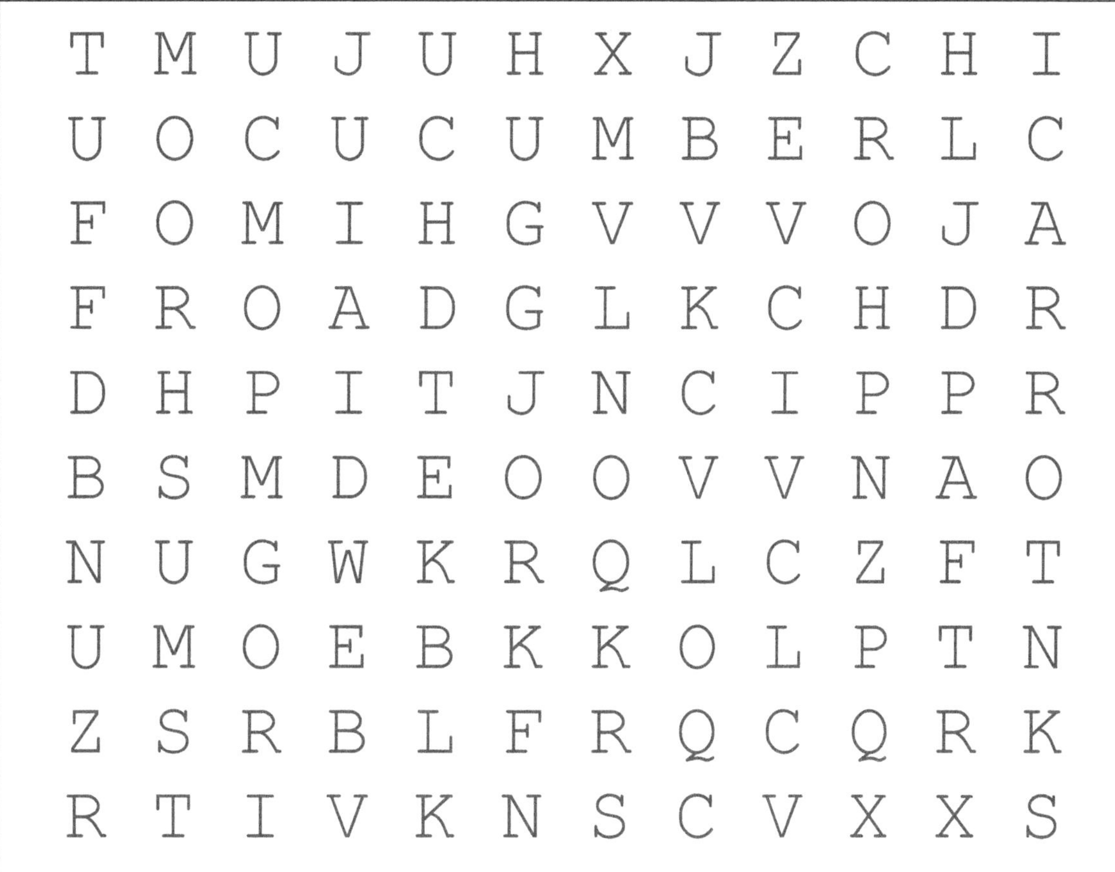

Find the following words in the puzzle

TOMATO

BROCCOLI

MUSHROOM

CARROT

CUCUMBER

CORN

Vegetables word Search

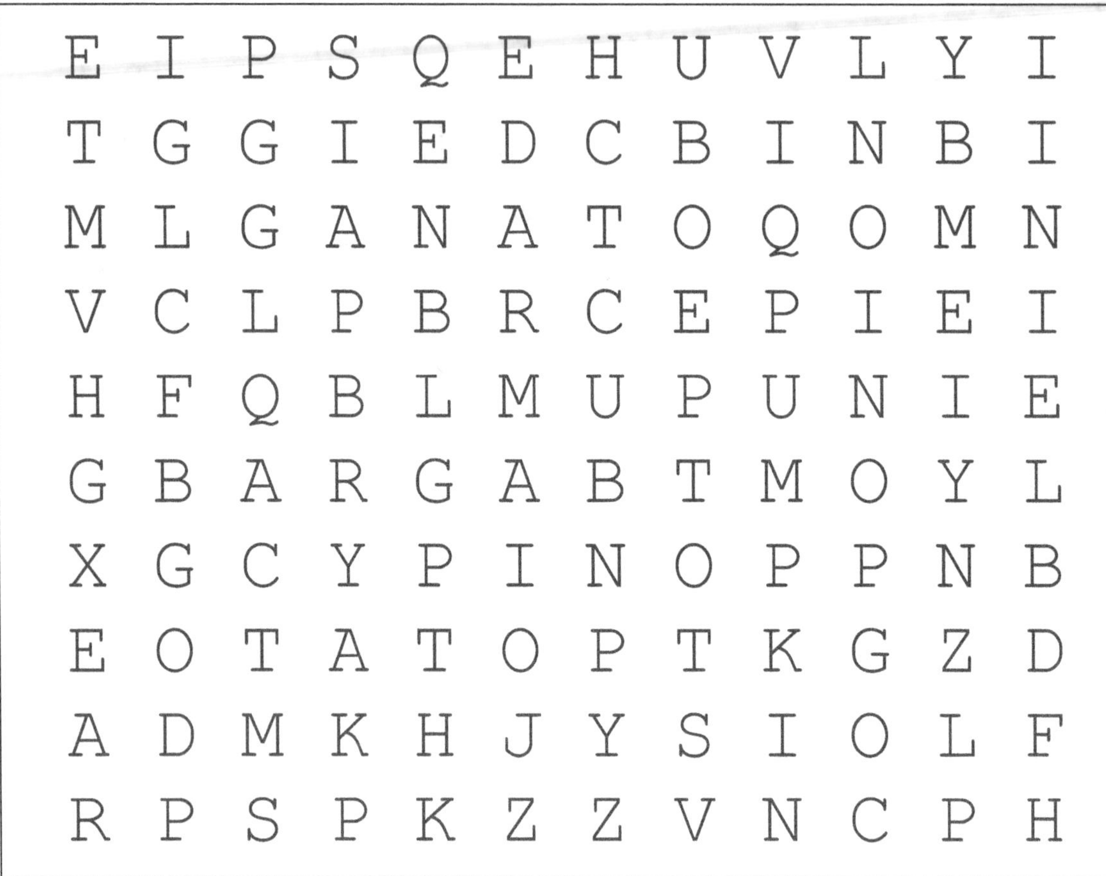

Find the following words in the puzzle

CABBAGE

EGGPLANT

TURNIP

ONION

PUMPKIN

POTATO

Vegetables word Search

A R Y C O A Z L N Y E Y
S K R C E M E D X T K Z
P R E P S T A P N G H N
A X L Y T X X I C O A F
R D E U J R H B O S H Q
A H C A N I P S X A R E
G E S Z S K P E I Z E L
U C A Z Q B Z Z C D K R
S S X M M S V B U S A K
Y N R D A Z P V A Y Y R

Find the following words in the puzzle

ASPARAGUS

PEA

CELERY

SPINACH

PARROT

RADISH

Winter word Search

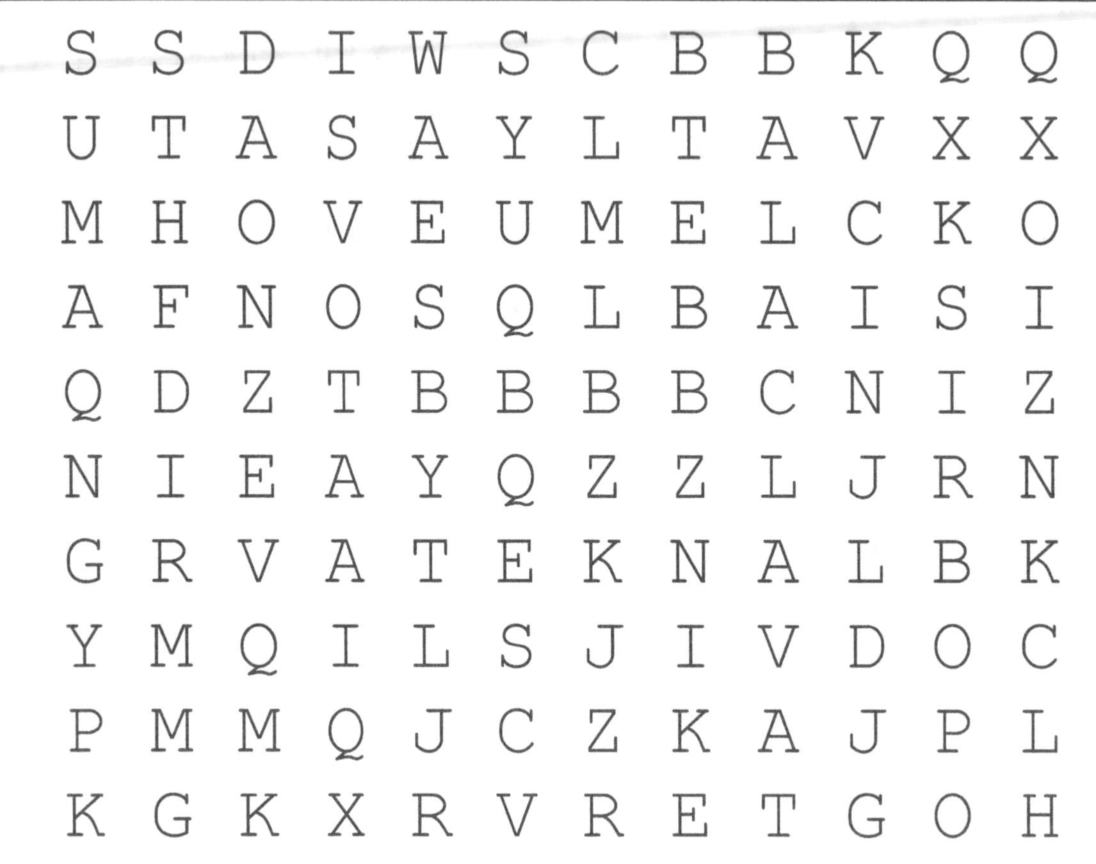

Find the following words in the puzzle

BLACLAVA

BLUSTERY

BOOTS

BLEAK

BRISK

BLANKET

Winter word Search

```
D V M Z Y B Z Y Z C F U
B K C G V U P T O X D C
C U R L I N G A O L R H
R H L F Q I T U C M A W
G W I D L O C Q V C D B
V F I M X I Z P S O M B
A R A H N X O Y U U Q S
Q P B F E E J Y G G C N
U B G R S O Y Y Y H X X
H D B Q W N B N P G E O
```

Find the following words in the puzzle

CHIMNEY	COAT
CURLING	COLD
COLD	COUGH

Winter word Search

```
G  P  X  C  G  W  A  F  S  G  S  A
F  N  Y  Y  A  I  R  W  C  T  F  M
K  X  I  H  J  O  G  X  S  G  F  I
S  L  U  Z  U  D  Y  G  I  X  U  J
W  R  R  R  E  R  U  I  H  X  M  C
B  L  R  E  A  E  A  V  M  F  R  F
Z  J  F  E  Z  C  R  B  E  A  A  L
X  M  R  X  Y  B  R  F  R  T  E  U
Y  D  L  M  O  T  C  Q  X  N  K  V
E  G  Q  Z  E  E  G  G  N  O  G  Y
```

Find the following words in the puzzle

DREARY	DUVET
FLU	EARMUFFS
FREEZING	EGGNOG

Winter word Search

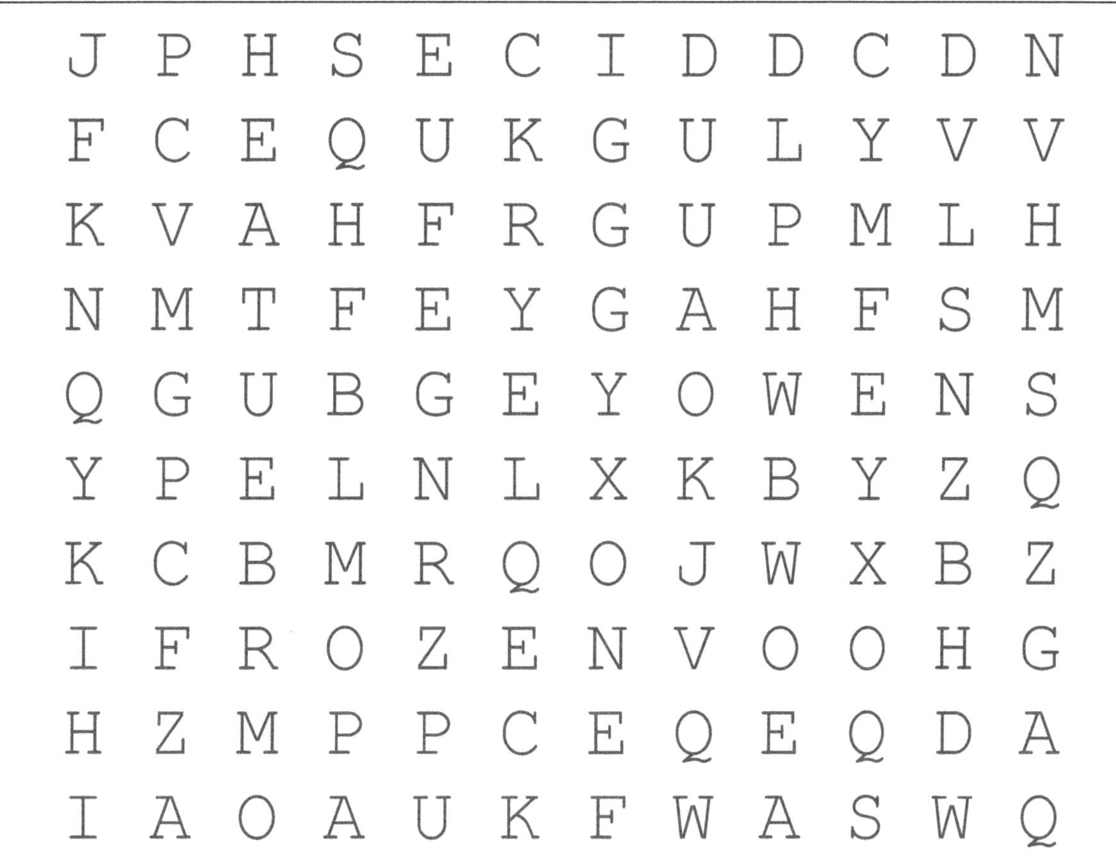

Find the following words in the puzzle

ICEBERG	FROZEN
GLOVES	HEAT
LUGE	ICE

Winter word Search

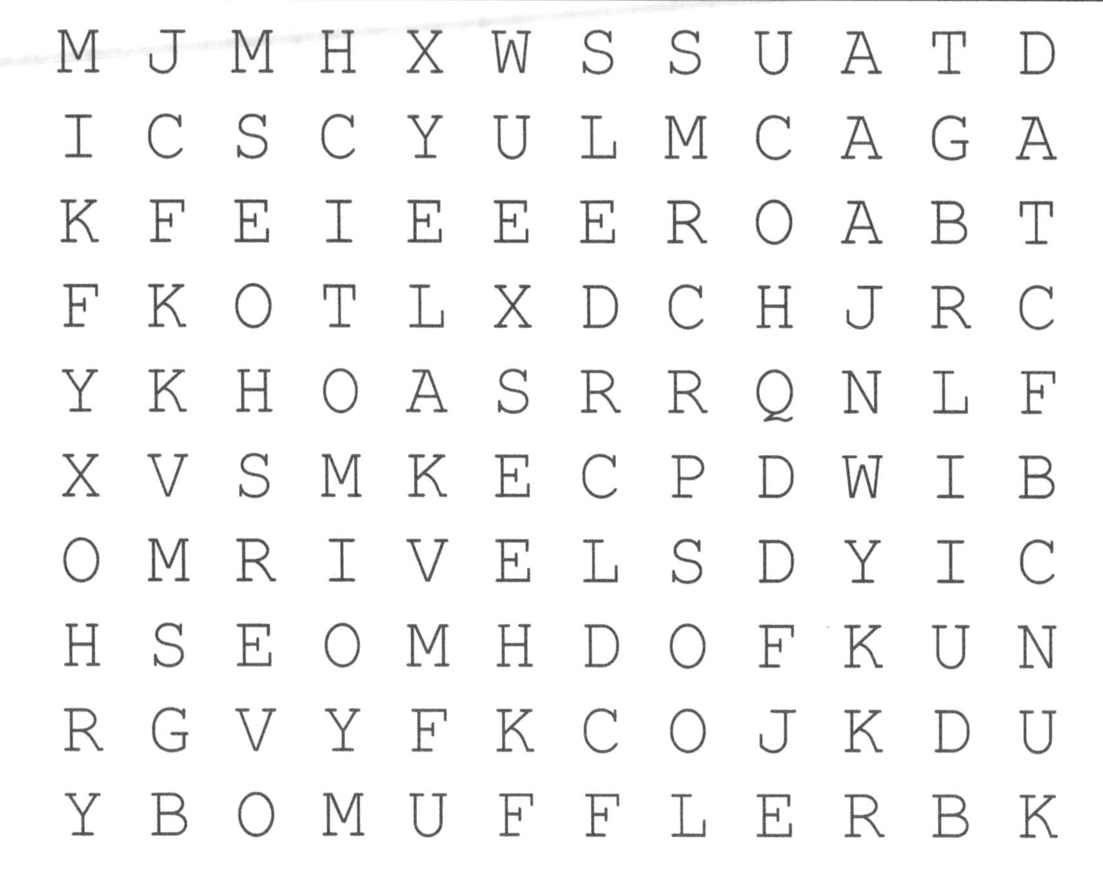

Find the following words in the puzzle

MUFFLER

SCARF

OVERCOAT

SKI

OVERSHOES

SLED

Winter word Search

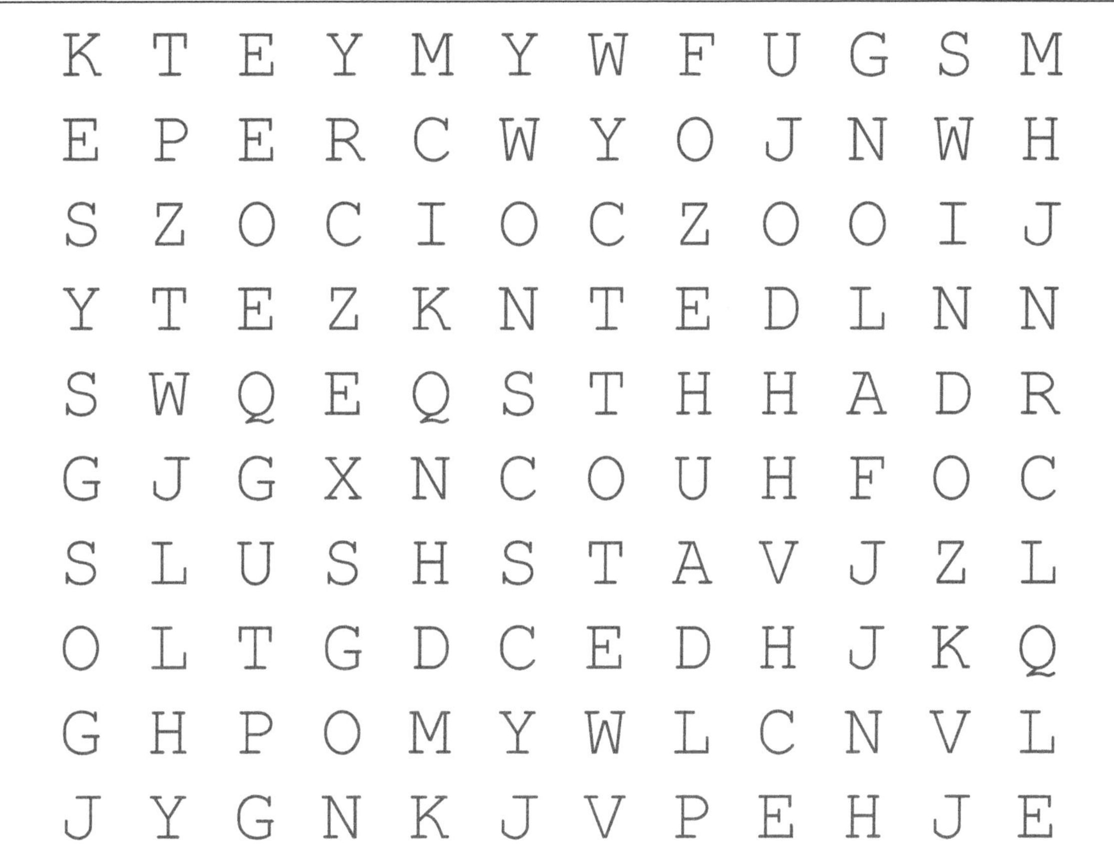

Find the following words in the puzzle

SLUSH	SNEEZE
WIND	SNOWY
WOOL	STORM

Country word Search

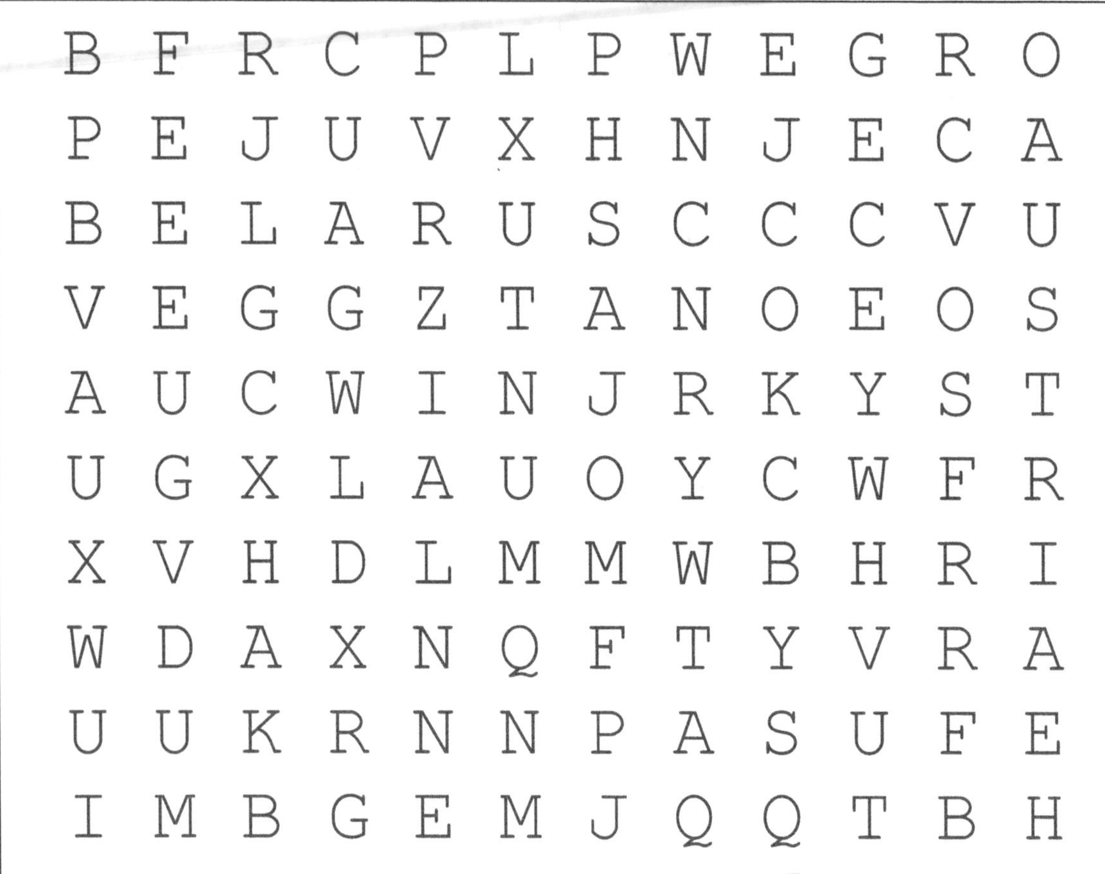

Find the following words in the puzzle

AUSTRIA	BELARUS
MOROCCO	BELGIUM
USA	CANADA

Country word Search

```
D L S L Z W I V F L G I
Y Y D D Z G I J G V F E
E R D E A V E L I H C S
A R G E N T I N A F T T
Y R B W P M B D S W R O
R X G F L R A A E X E N
L A Y M A J B R V A M I
M K E Z R K L T K E P A
D D I O X D T Q L K H T
R L A Z L V M H W R R M
```

Find the following words in the puzzle

FIJI	ARGENTINA
CHILE	BRAZIL
DENMARK	ESTONIA

Country word Search

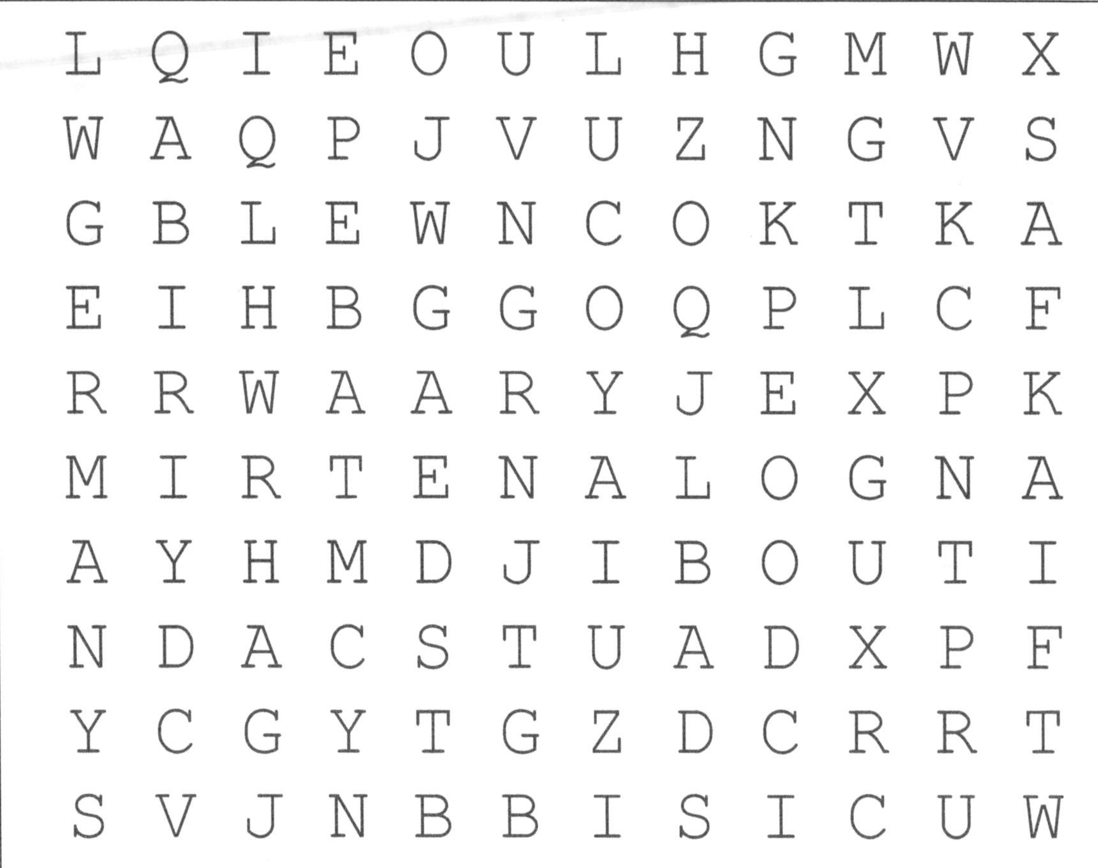

Find the following words in the puzzle

ALBANIA

CAMEROON

GERMANY

DJIBOUTI

ANGOLA

HUNGARY

Country word Search

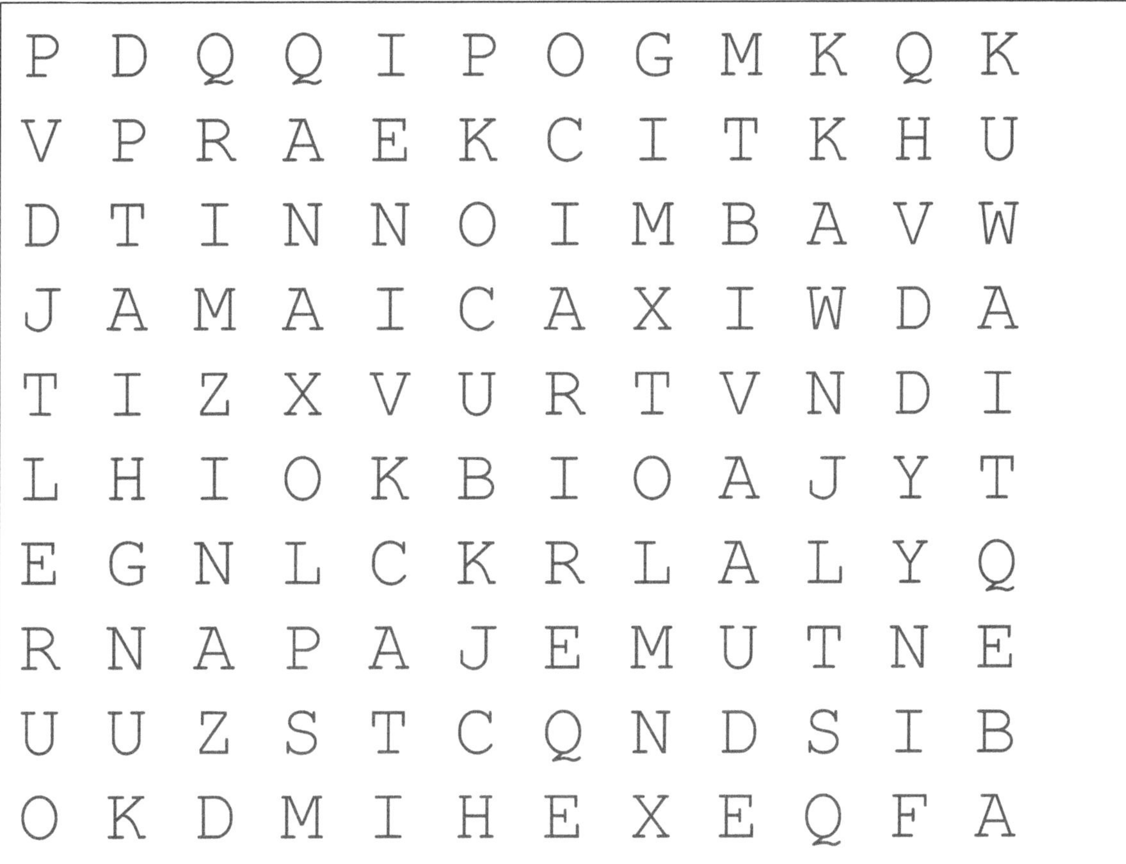

Find the following words in the puzzle

ICELAND	HAITI
JAPAN	JAMAICA
CROATIA	KUWAIT

Country word Search

Find the following words in the puzzle

FRANCE

GUYANA

JORDAN

HONDURAS

ITALY

IRAN

Country word Search

```
M G Y F B T K Z T C R T
U A Y I O P G I W X Q Z
S G L I I D F Z L Y A D
L Z R T U J Y Z A J T B
X A E C A J T U Q X A P
Q I M U V B G A E X R N
E P F B F A P H C R U F
C P J N R G A R H G O B
L E B A N O N K C K D F
T S P N A M O C G E S G
```

Find the following words in the puzzle

IRAQ	LEBANON
QATAR	MALTA
PARAGUAY	OMAN

Country word Search

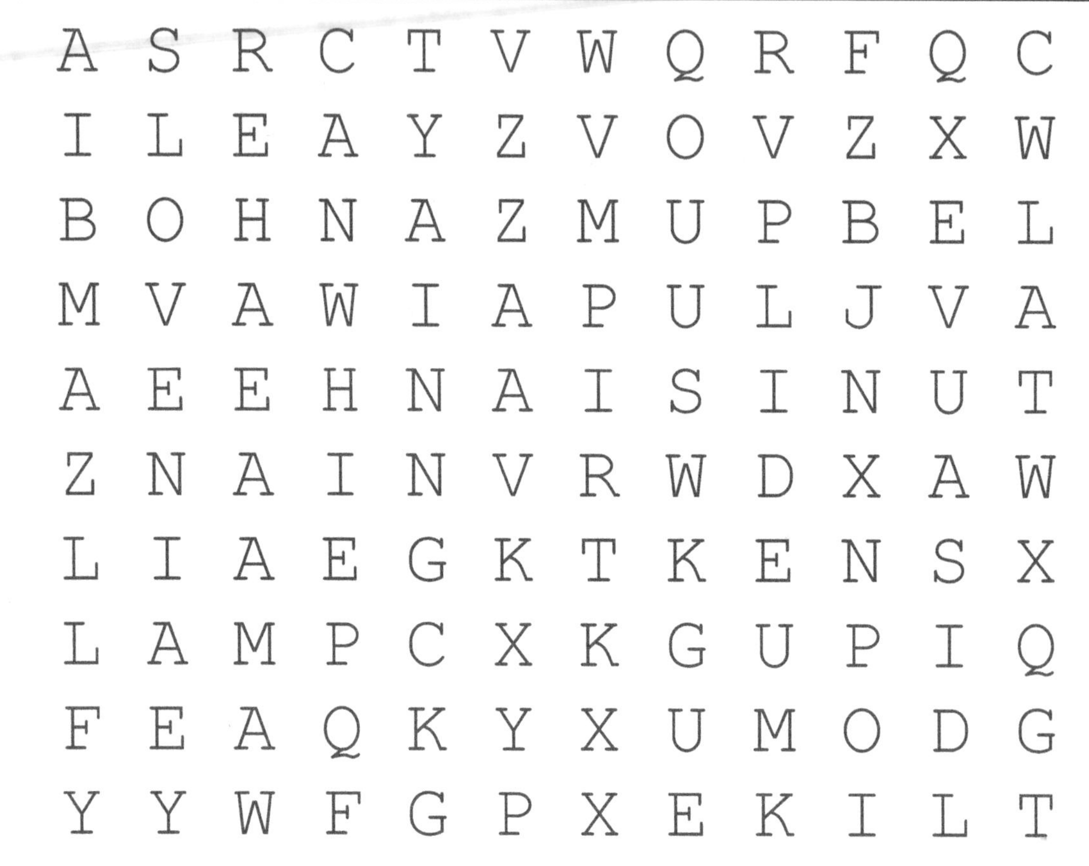

Find the following words in the puzzle

ROMANIA	SLOVENIA
YEMEN	TUNISIA
ZAMBIA	UKRAINE

Body word Search

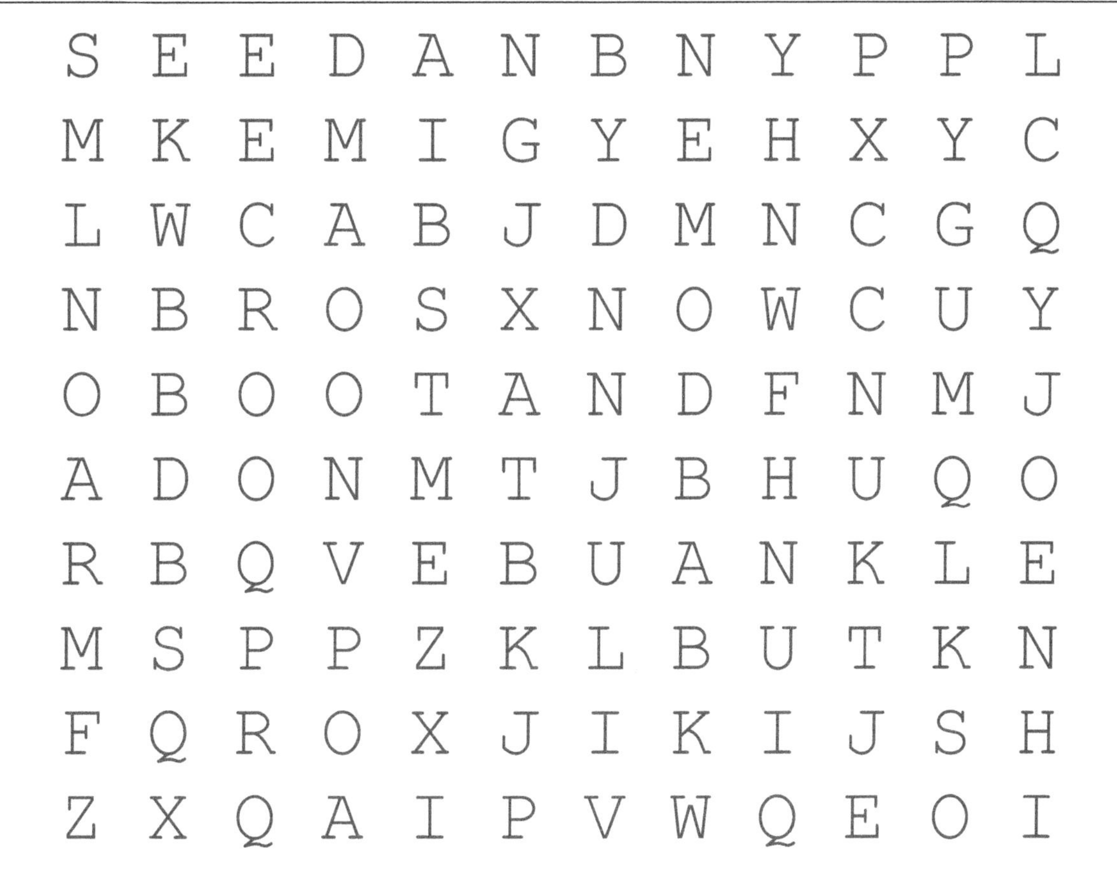

Find the following words in the puzzle

BONE

ANKLE

BUTTOKS

ABDOMEN

BRAIN

ARM

Body word Search

J Z Y B T L R C N F F R
N K M M R P H S I H K B
T S E H C E Y Y H K B M
P H S U E K A C C V E Y
Q Q V K I L L S V E L O
M U E C M N O T T I L V
F D D H H E P H U G Y U
N Q D E C W V K A D M G
N G S U E R N Q L H A N
V I S K J I A J X W Z V

Find the following words in the puzzle

ARCH	BELLY
CHEST	BREAST
CHIN	CHEEK

Body word Search

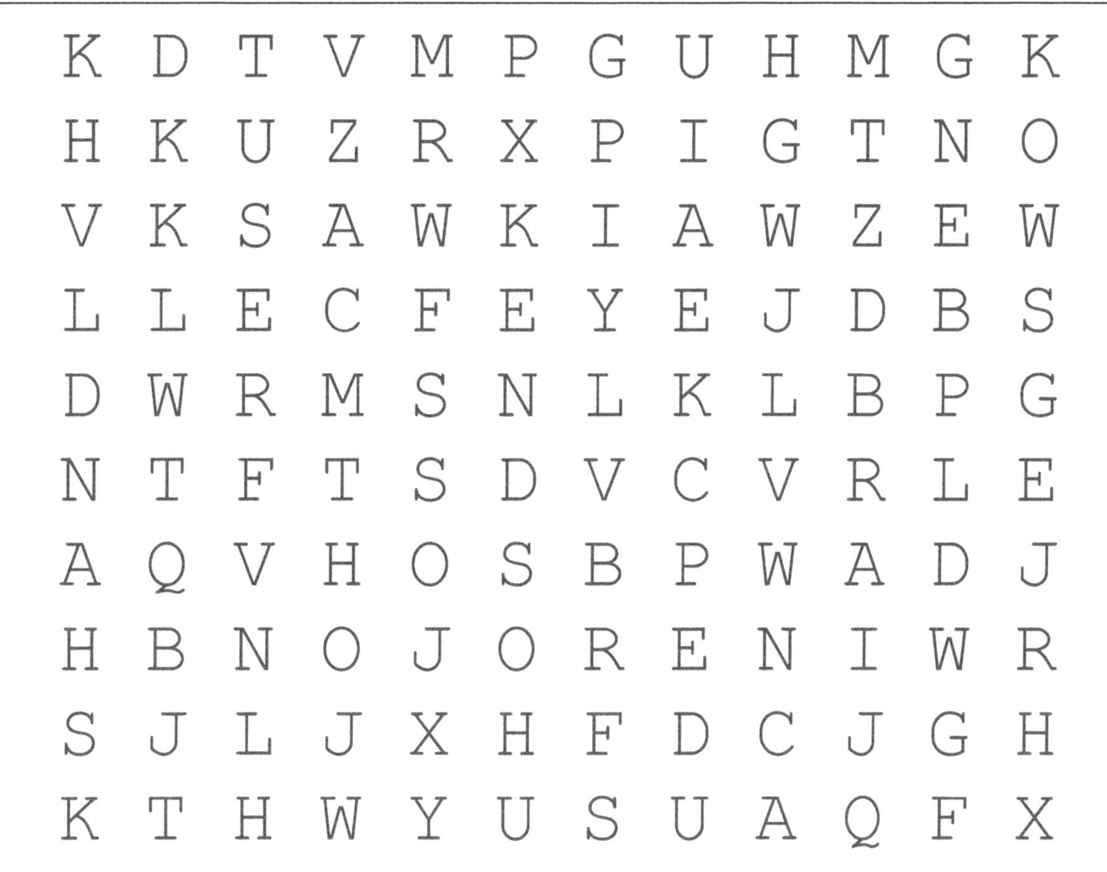

Find the following words in the puzzle

HAND

EAR

EYE

GLANDS

CELL

FOOT

body word Search

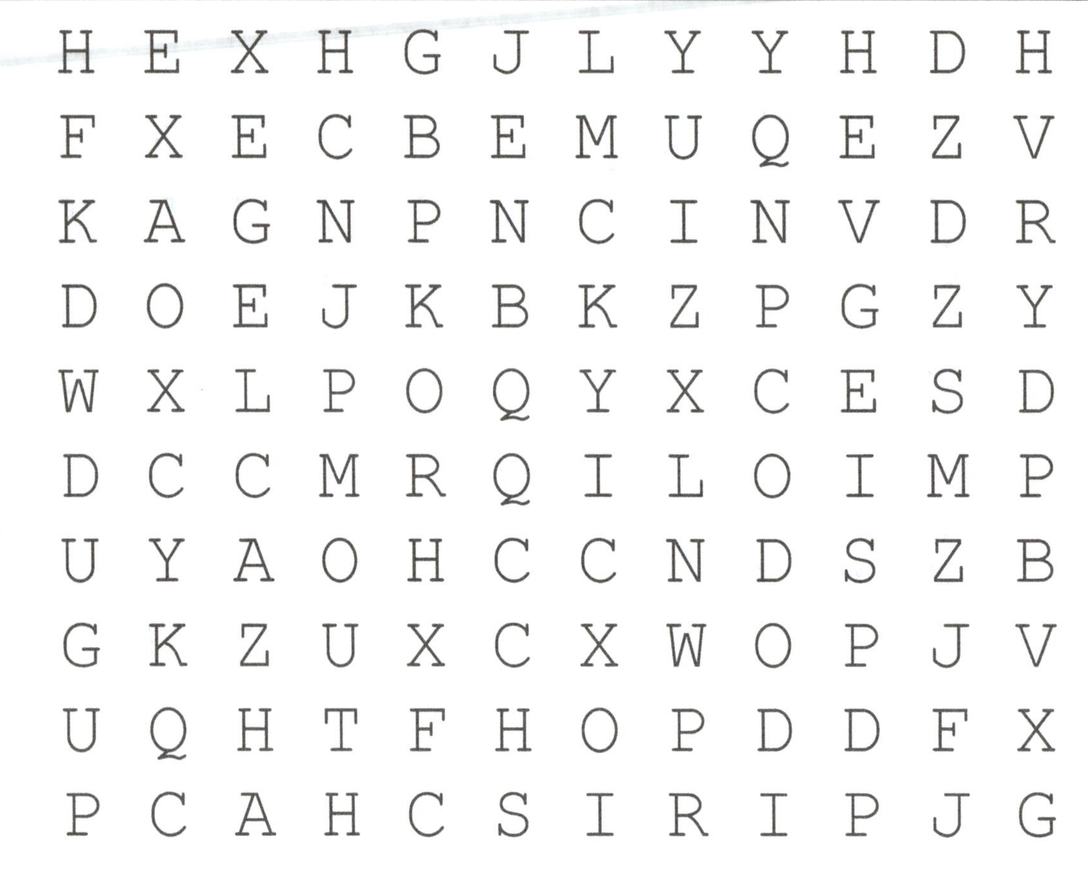

Find the following words in the puzzle

HEAD	IRIS
MOUTH	KNEE
LEG	LUNGS

Body word Search

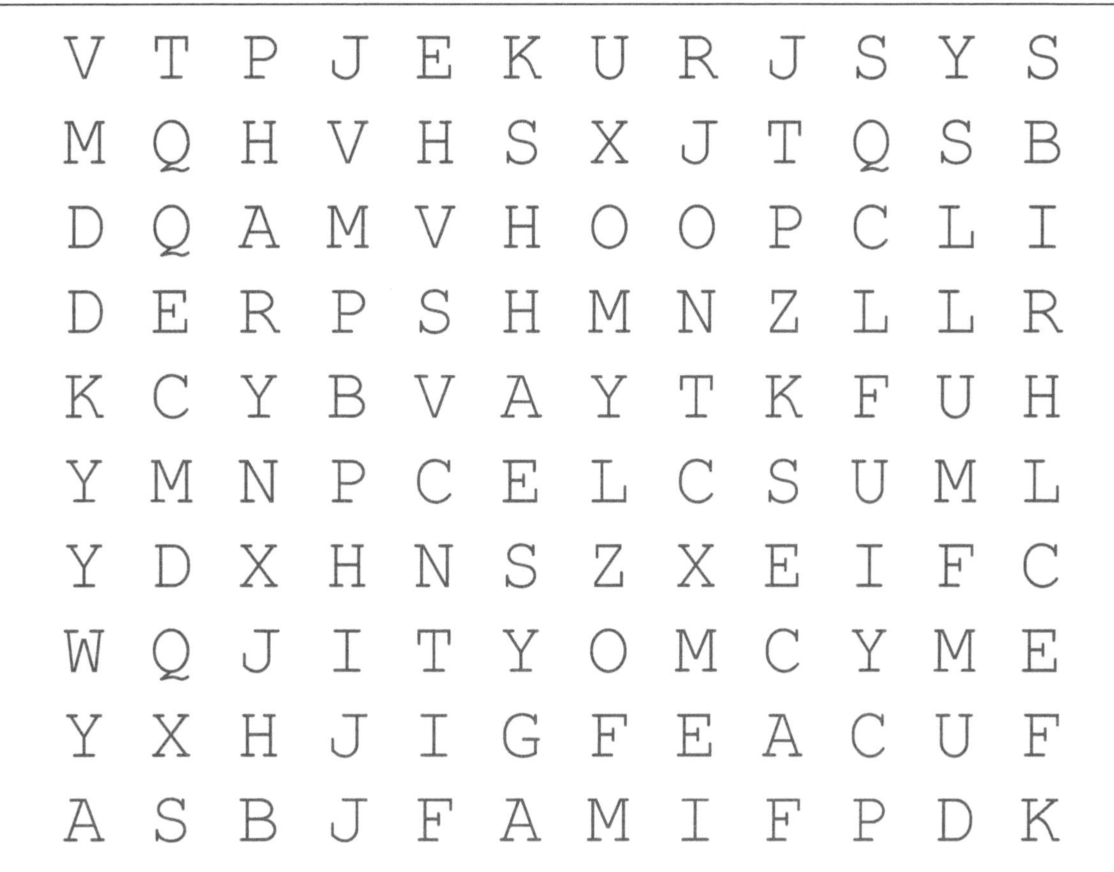

Find the following words in the puzzle

SHIN

NOSE

PHARYNX

MUSCLE

RIBS

STOMACH

Body word Search

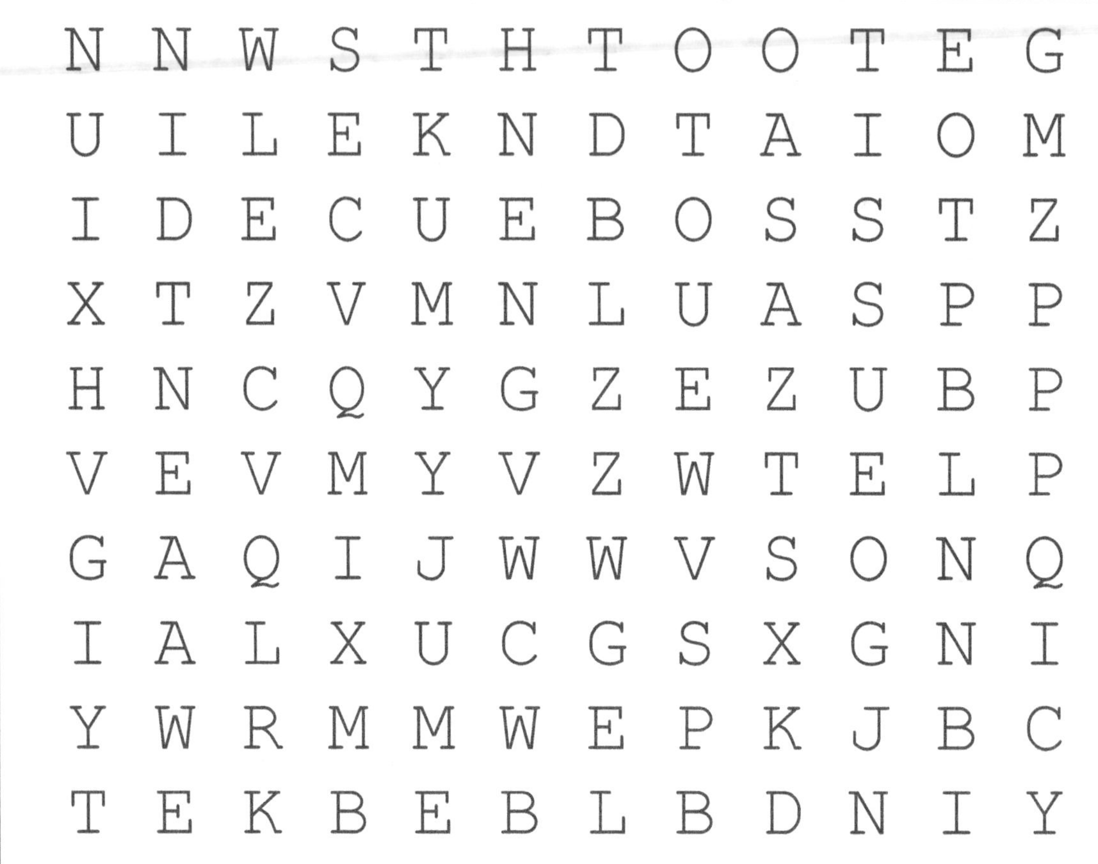

Find the following words in the puzzle

TISSUE	SKELETON
TOE	TEETH
VEIN	TOOTH

Body word Search

Find the following words in the puzzle

HAIR

HEART

THIGH

LIP

TONGUE

SCALP

Family word Search

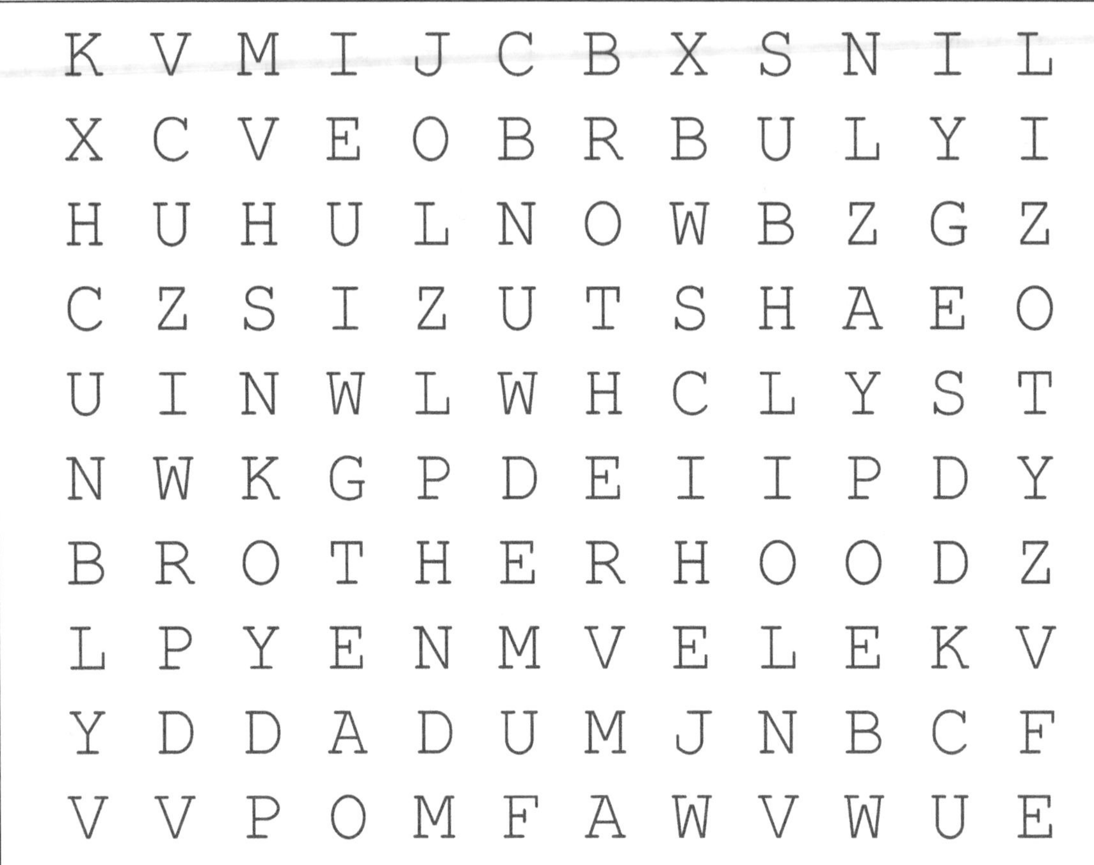

Find the following words in the puzzle

BROTHERHOOD

DADDY

AUNT

BROTHER

COUSIN

CHILDREN

Family word Search

R O F M N N D D U Y Q G
A E C G E A A W N D P I
J S H V Q U P N X N U I
I T N T G Q A B E R M U
L X T H A R H N J I L C
M Q T R G F Q K I R K P
Q E D N A B S U H F Q R
R M O T H E R D Y G K J
H K V B S A R O J Q J C
B X R B U X G X T G Y V

Find the following words in the puzzle

FATHER	DAUGHTER
GRANNY	FRIEND
HUSBAND	MOTHER

Family word Search

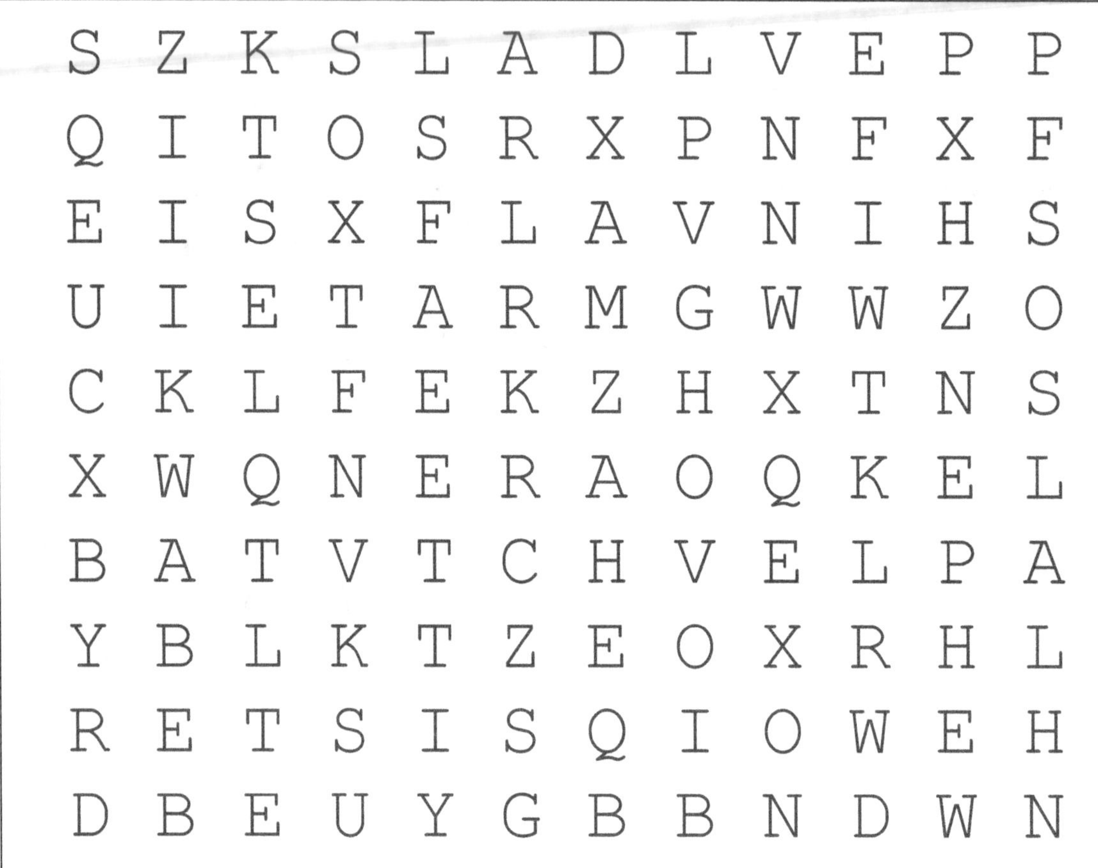

Find the following words in the puzzle

NEPHEW

SISTERHOOD

NIECE

PARENT

WIFE

SISTER

Color word Search

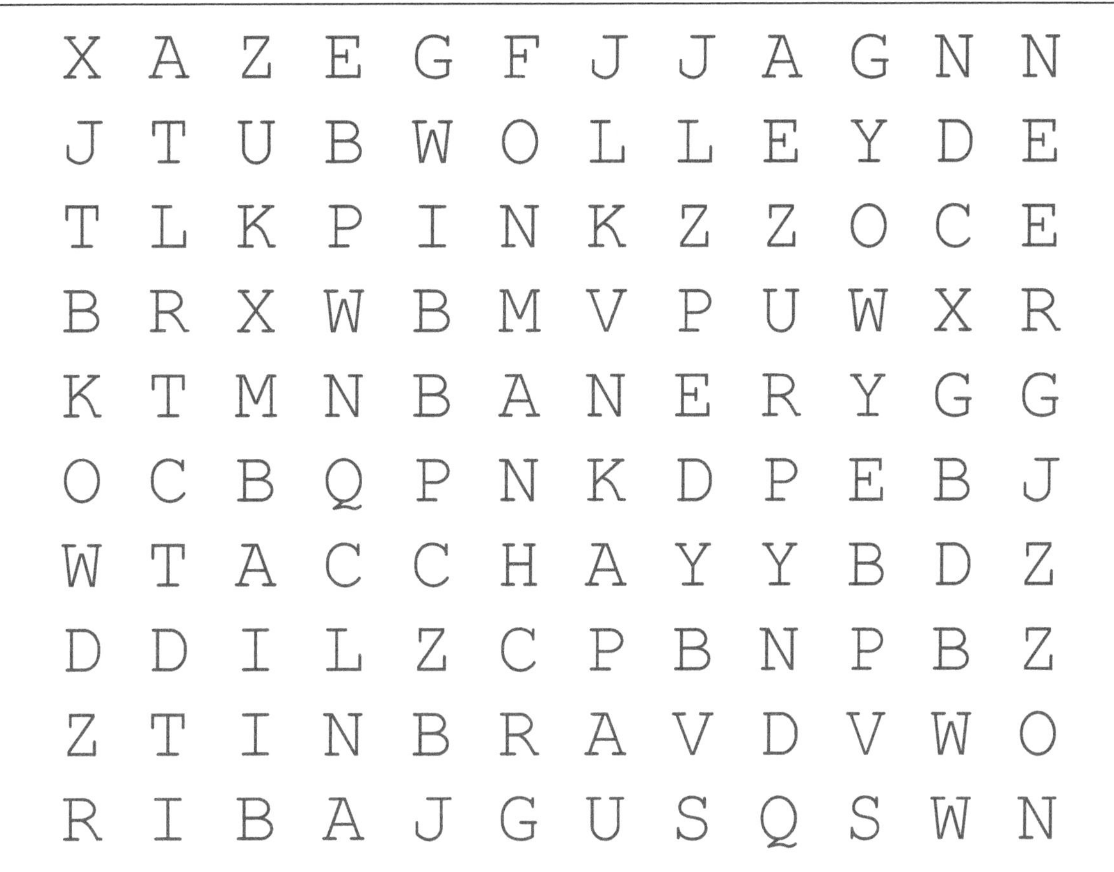

Find the following words in the puzzle

RED

BLUE

GREEN

BLACK

YELLOW

PINK

School word Search

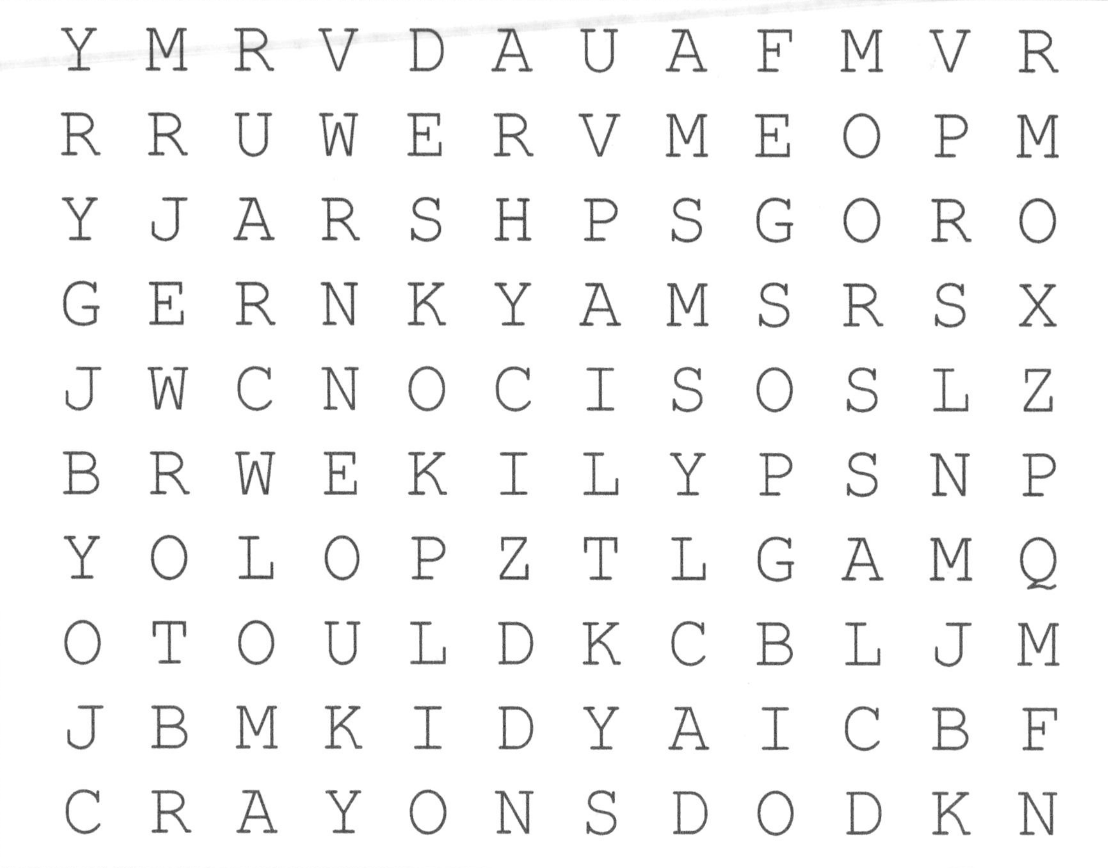

Find the following words in the puzzle

CLASSROOM

DESK

BOOK

DICTIONARY

CRAYONS

BOOKCASE

School word Search

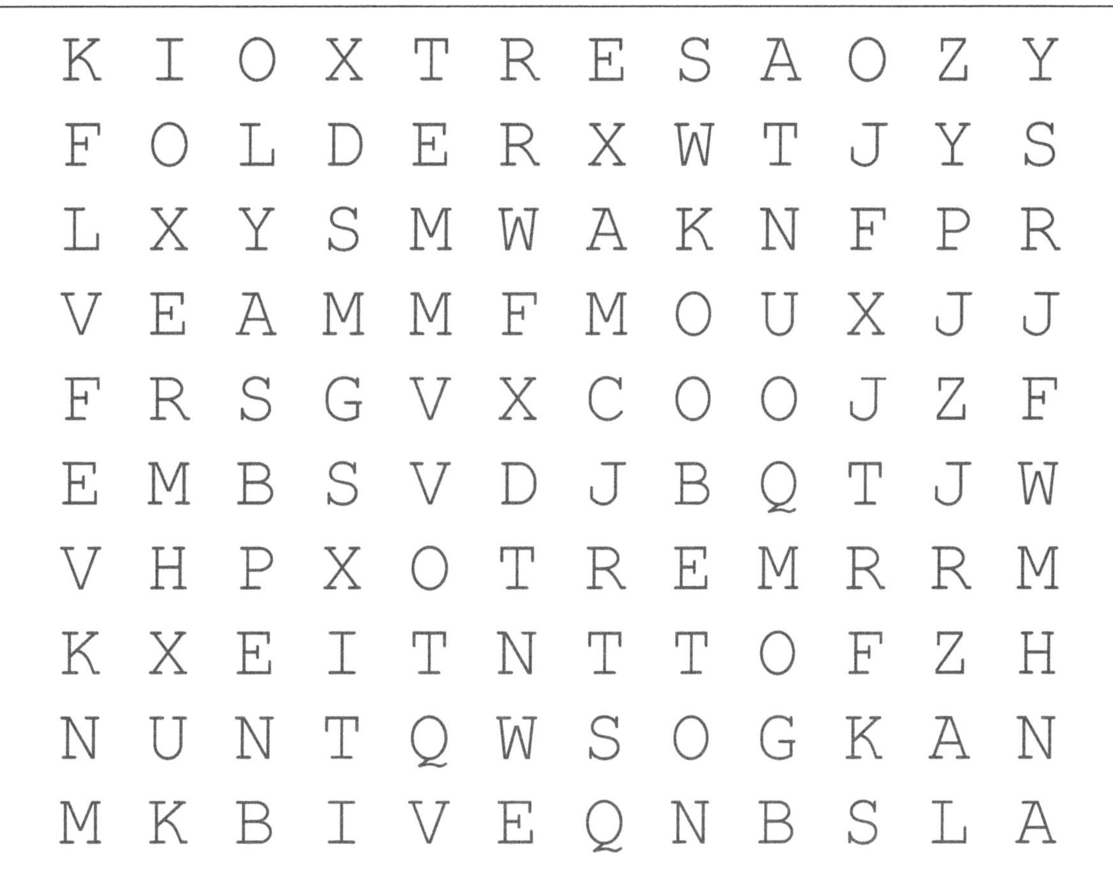

Find the following words in the puzzle

ERASER

EXAM

LESSON

FOLDER

NOTEBOOK

INK

School word Search

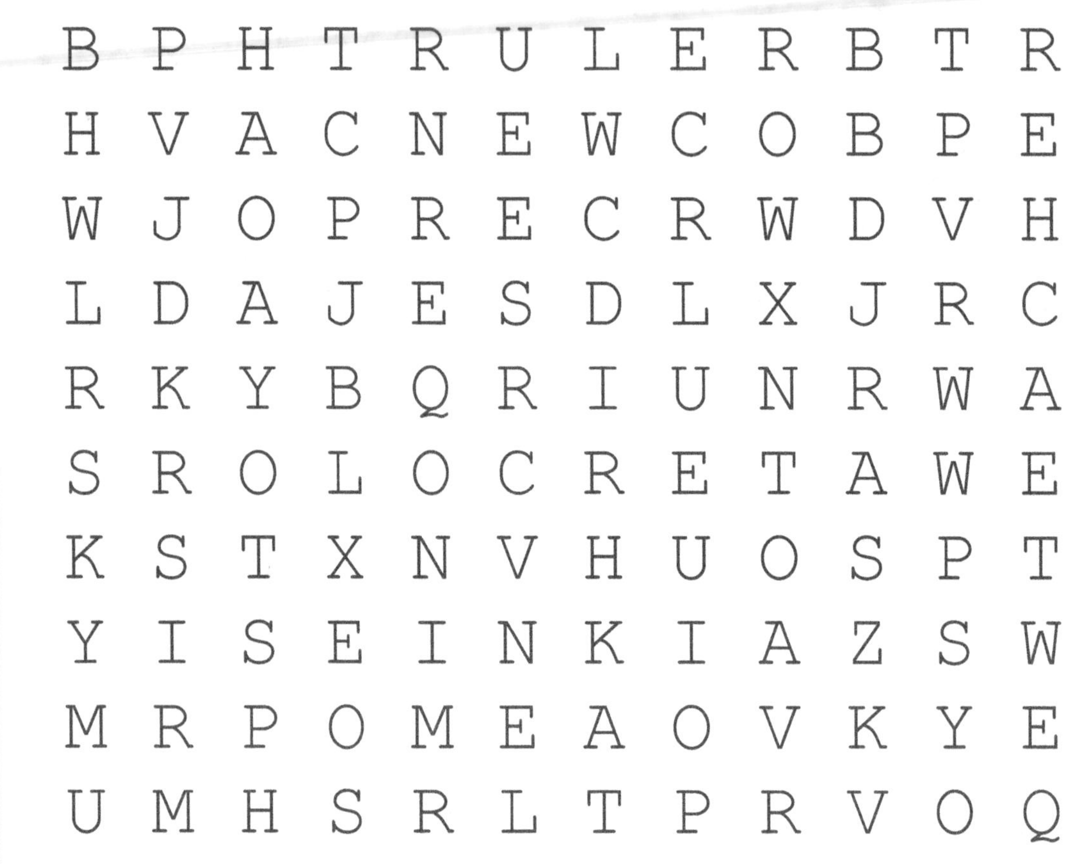

Find the following words in the puzzle

PAPER	PENCIL
RULER	STUDENT
TEACHER	WATERCOLORS

Sports word Search

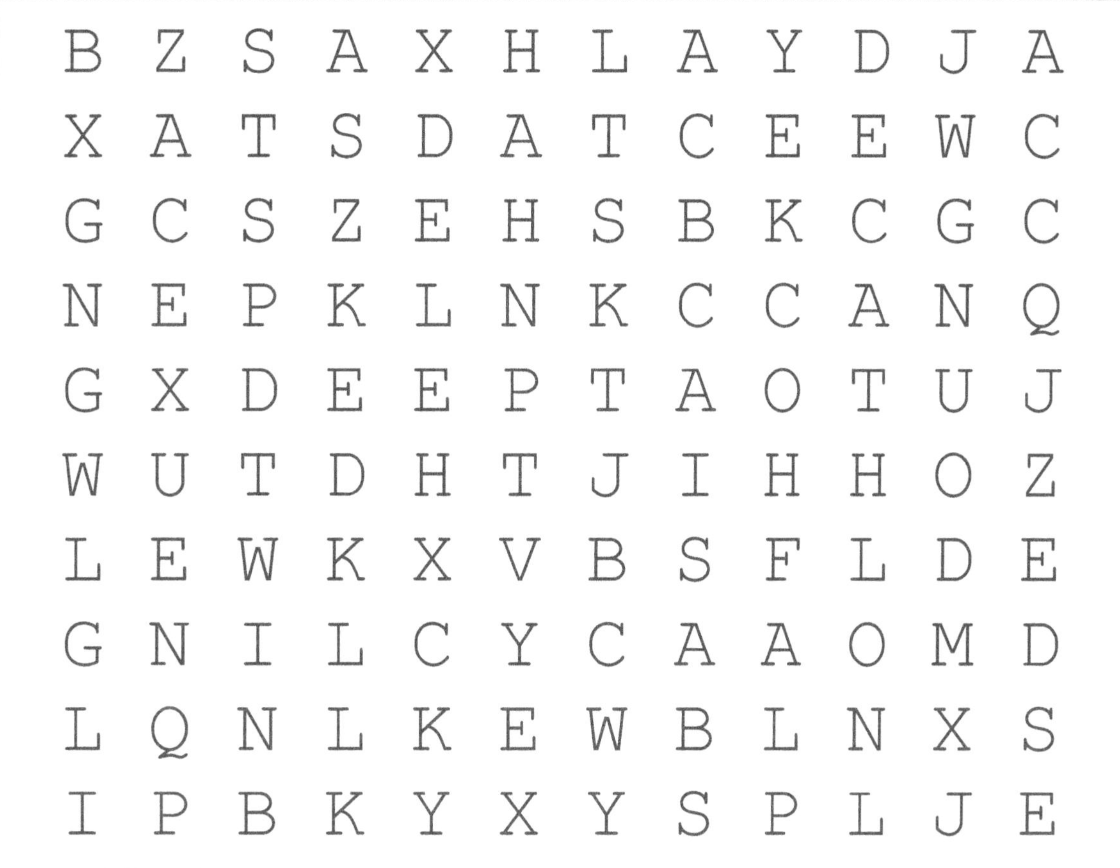

Find the following words in the puzzle

ATHLETE

DECATHLON

FITNESS

HOCKEY

BASKETBALL

CYCLING

Sports word Search

```
I V X A B M J N L B C B
J A V E L I N S L O Y D
S K C R K L C Z A X C M
K U A U D I E M B I T F
E C R R B V M L T N D E
E N C O A B R H O G K U
B S R O H T W P O G J G
S E E X H I E T F F G Q
A J D P T P Q R Z V L A
Z B I U N A Z N K K A A
```

Find the following words in the puzzle

AEROBICS	BOXING
KARATE	FOOTBALL
RACE	JAVELLIN

Kitchen word Search

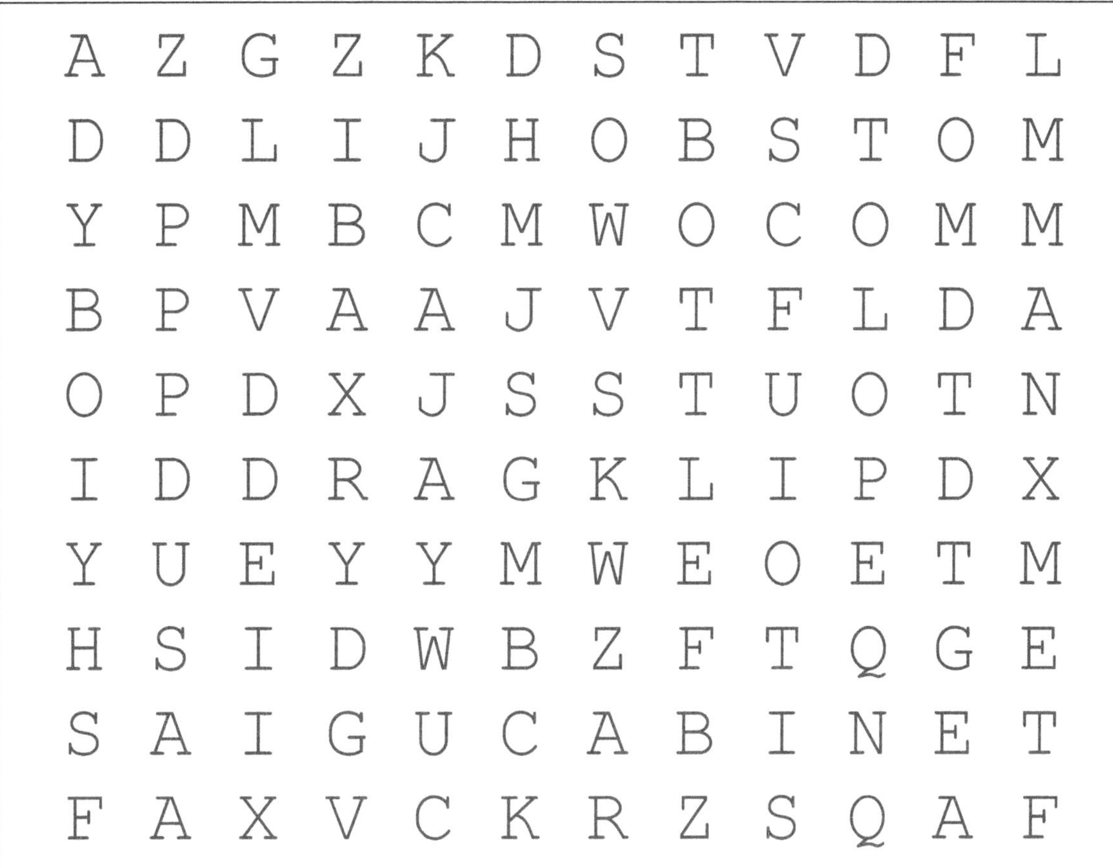

Find the following words in the puzzle

BASKET

BOTLE

CADDY

CABINET

FOOD

DISH

Kitchen word Search

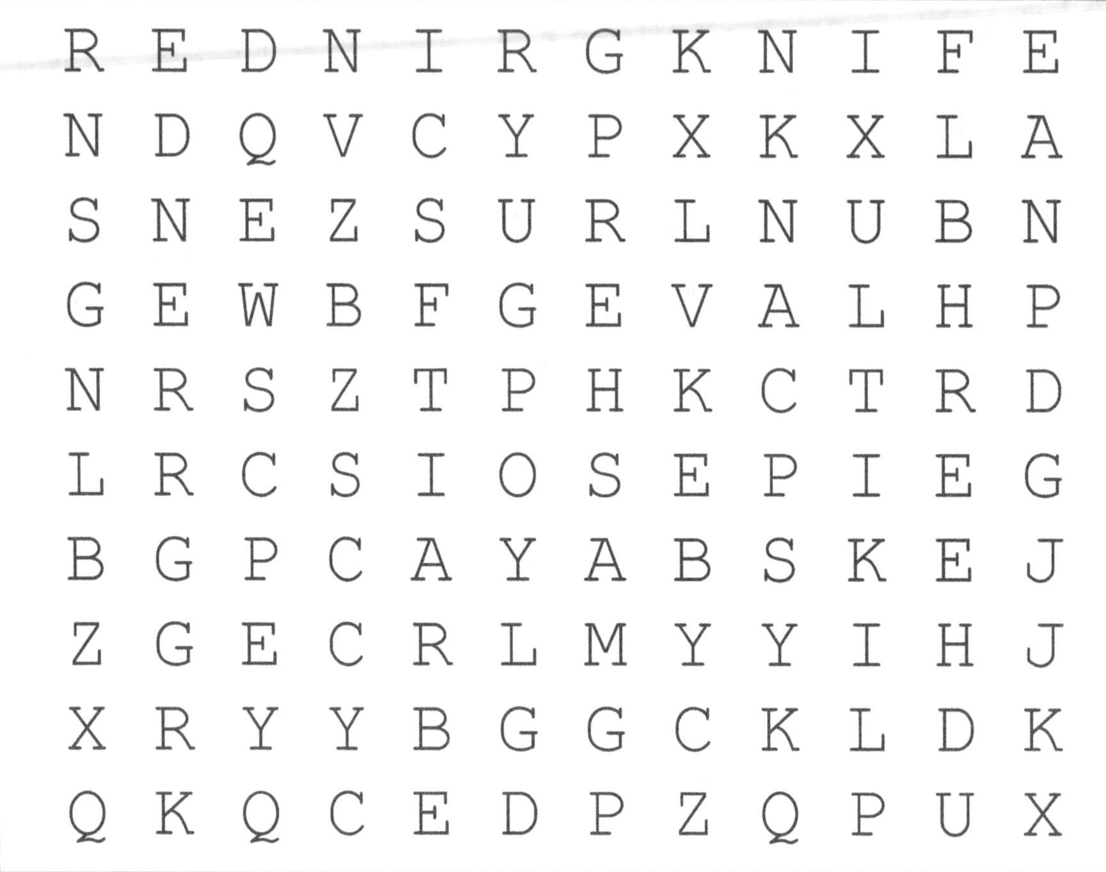

Find the following words in the puzzle

GRINDER

GLASSES

MASHER

KNIFE

RECIPE

PLATE

Kitchen word Search

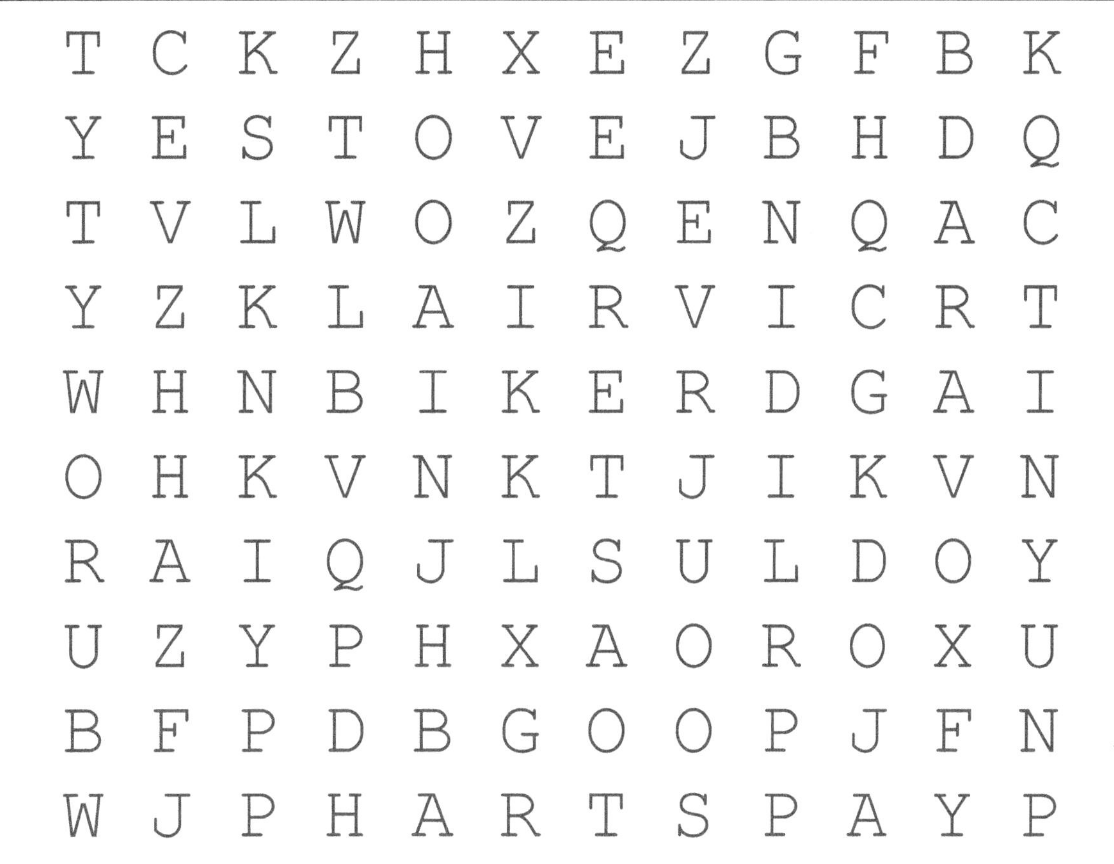

Find the following words in the puzzle

STOVE

SPOON

TOASTER

SKILLET

WHIP

TIN

Kitchen word Search

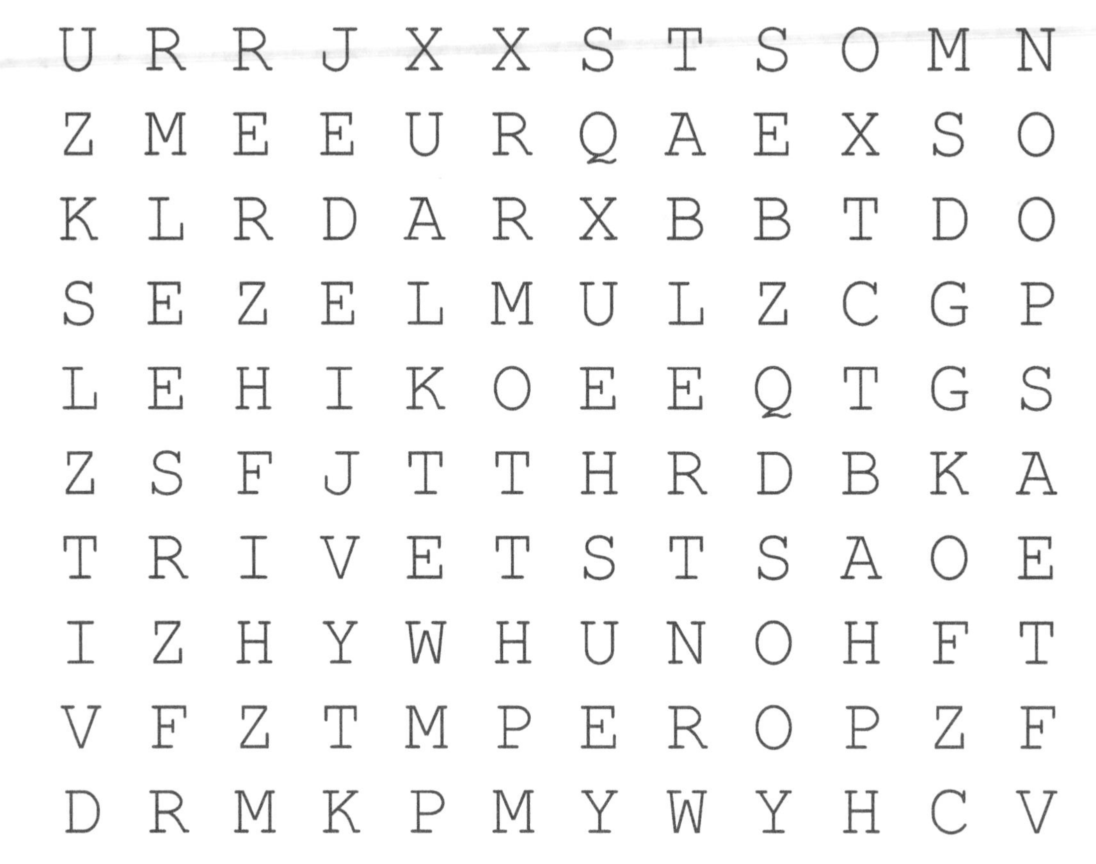

Find the following words in the puzzle

TEASPOON

POTHOLDER

REAMER

SHEARS

TABLE

TRIVET

House word Search

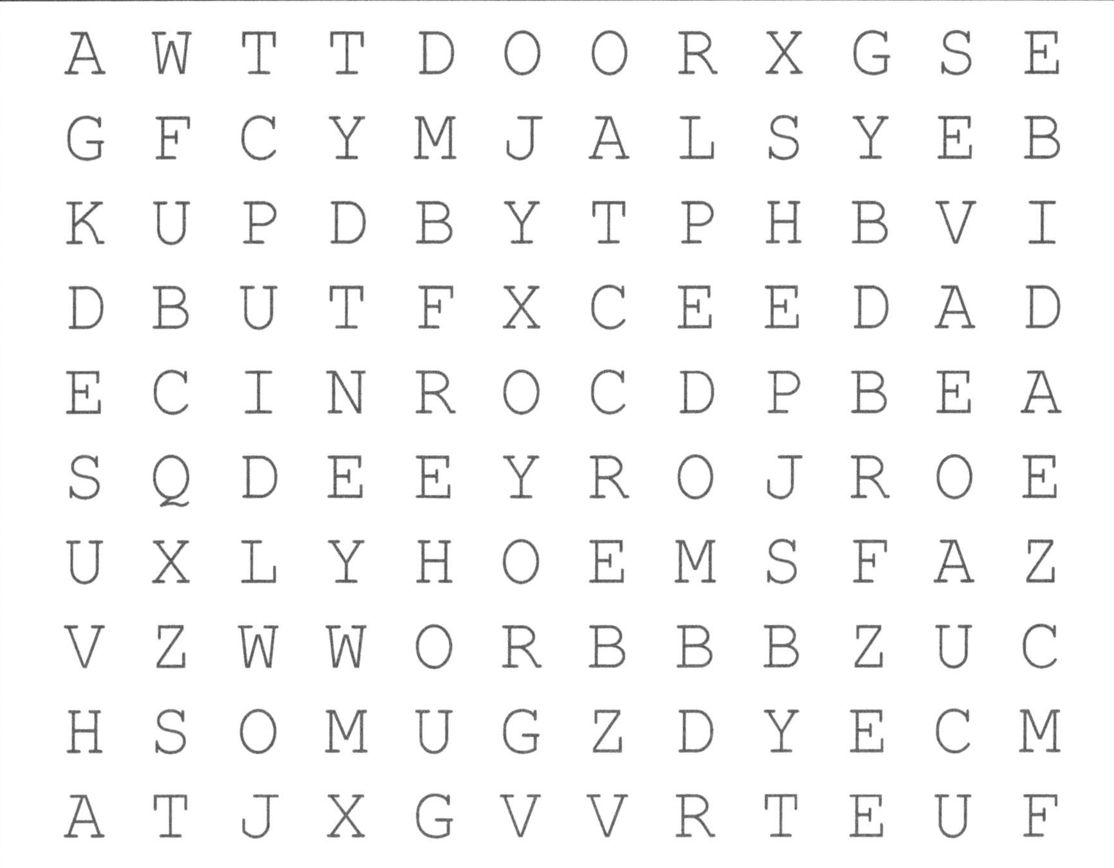

Find the following words in the puzzle

DUCT

BEDROOM

DOOR

CARPET

EAVES

CORNICE

House word Search

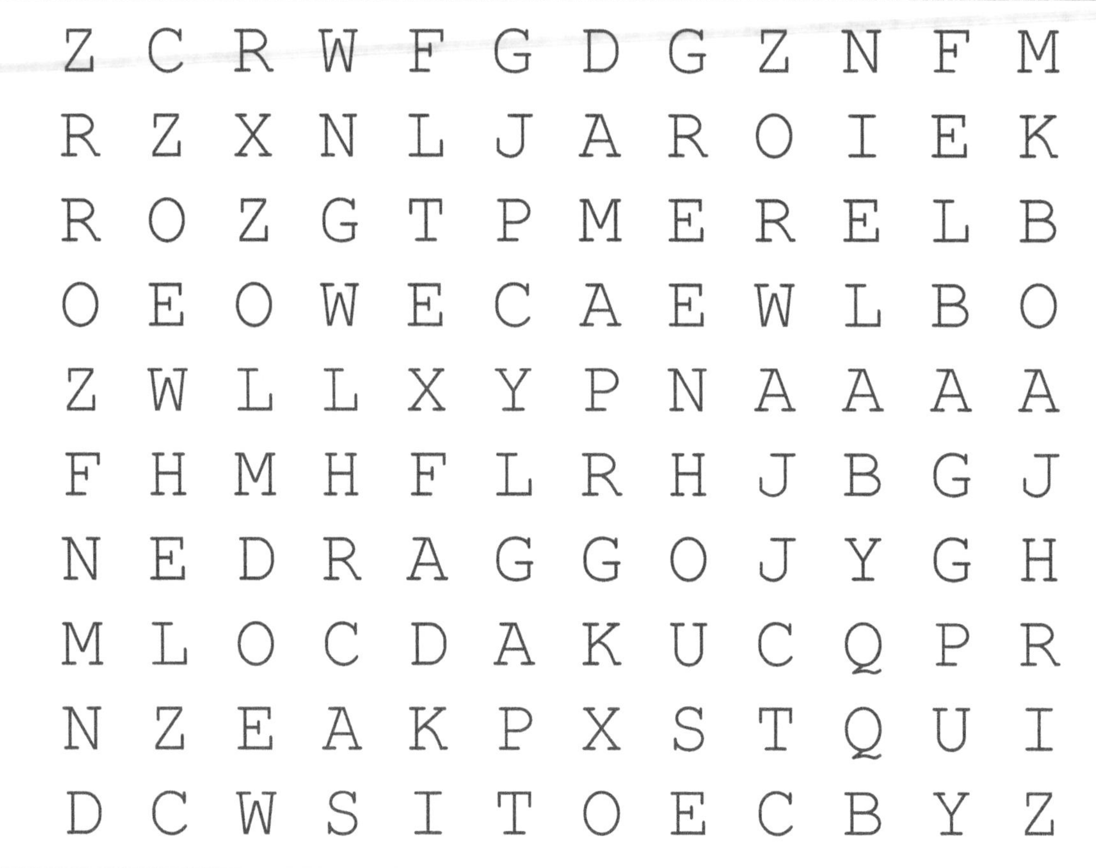

Find the following words in the puzzle

FIREPLACE	FLOOR
GABLE	GARDEN
GREENHOUSE	HALL

House word Search

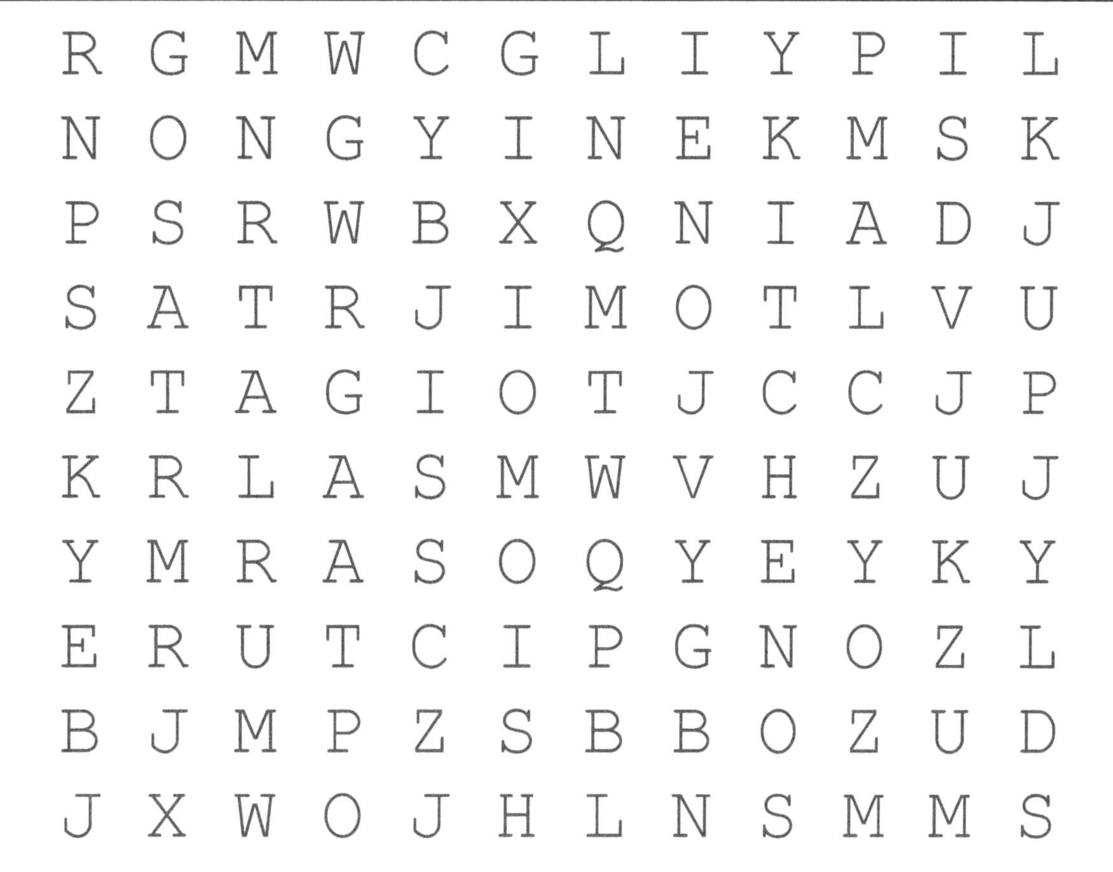

Find the following words in the puzzle

LAMP

KITCHEN

NOOK

LIBRARY

PICTURE

MIRROR

House word Search

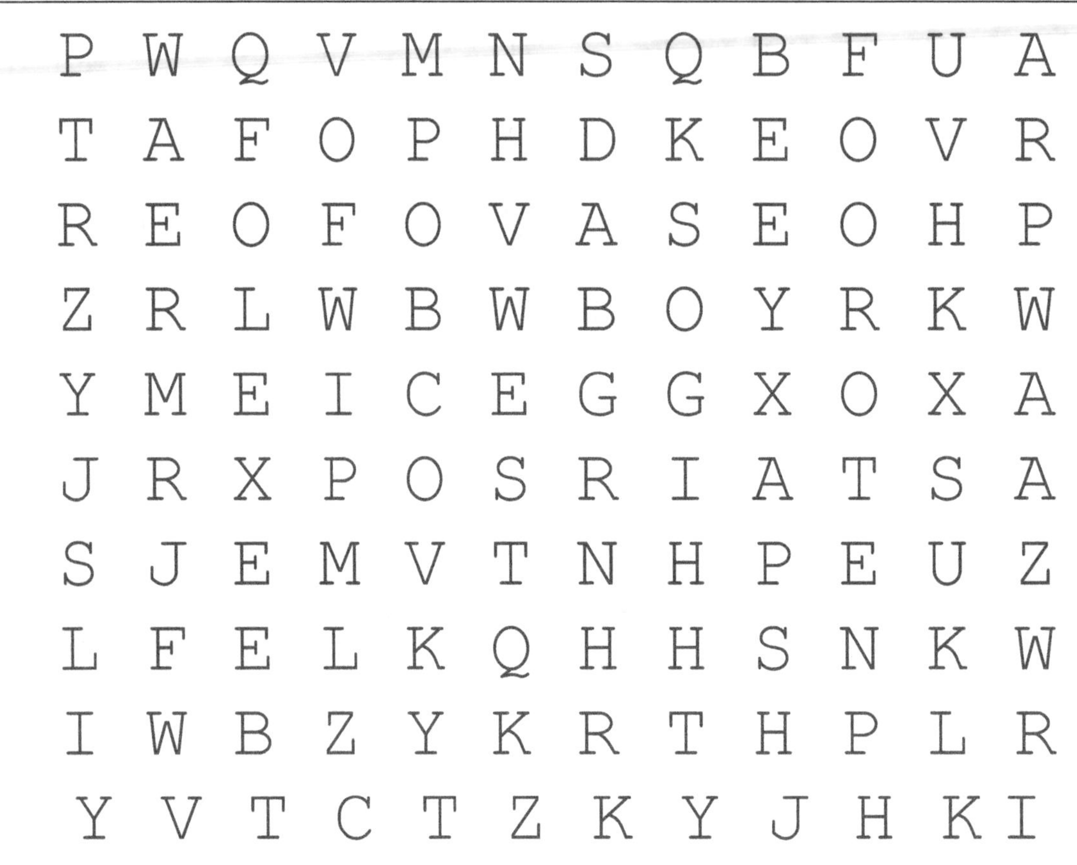

Find the following words in the puzzle

ROOM	SHOWER
VASE	TOILET
ROOF	STAIRS

House word Search

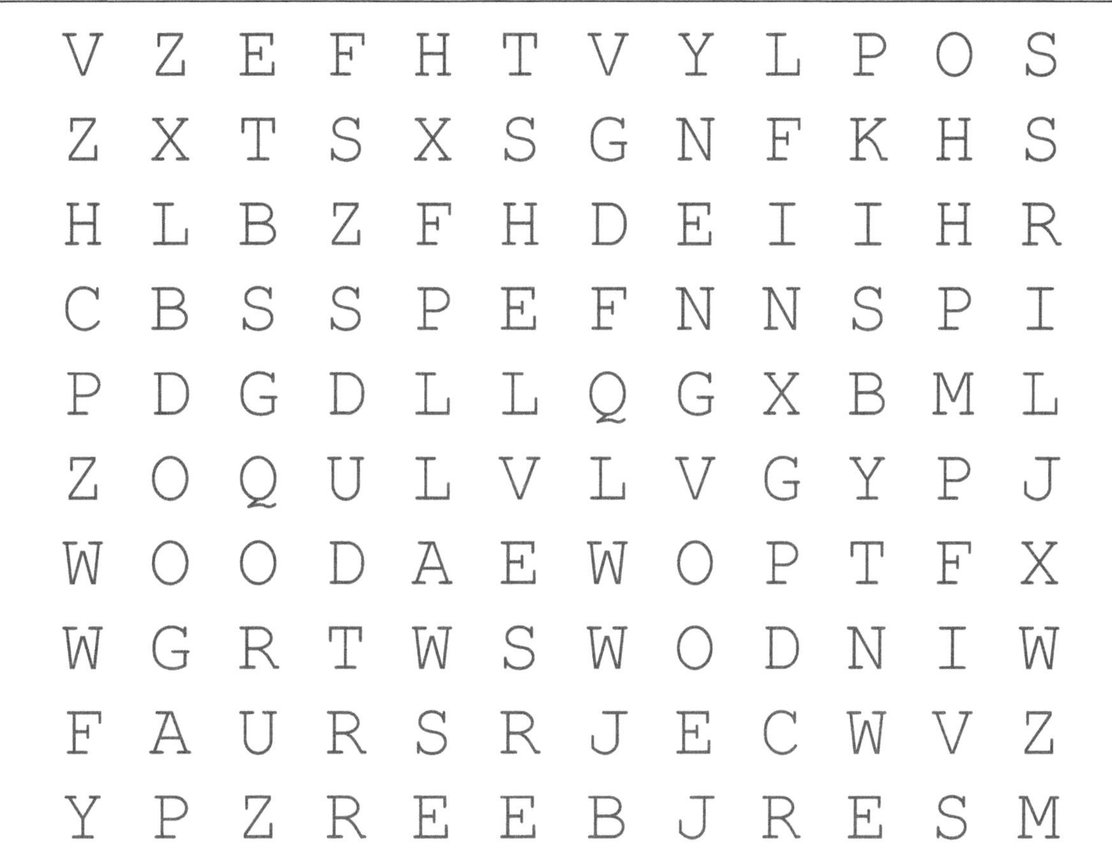

Find the following words in the puzzle

WINDOW

SHELVES

WALL

YARD

SHINGLE

STOOP

Job word Search

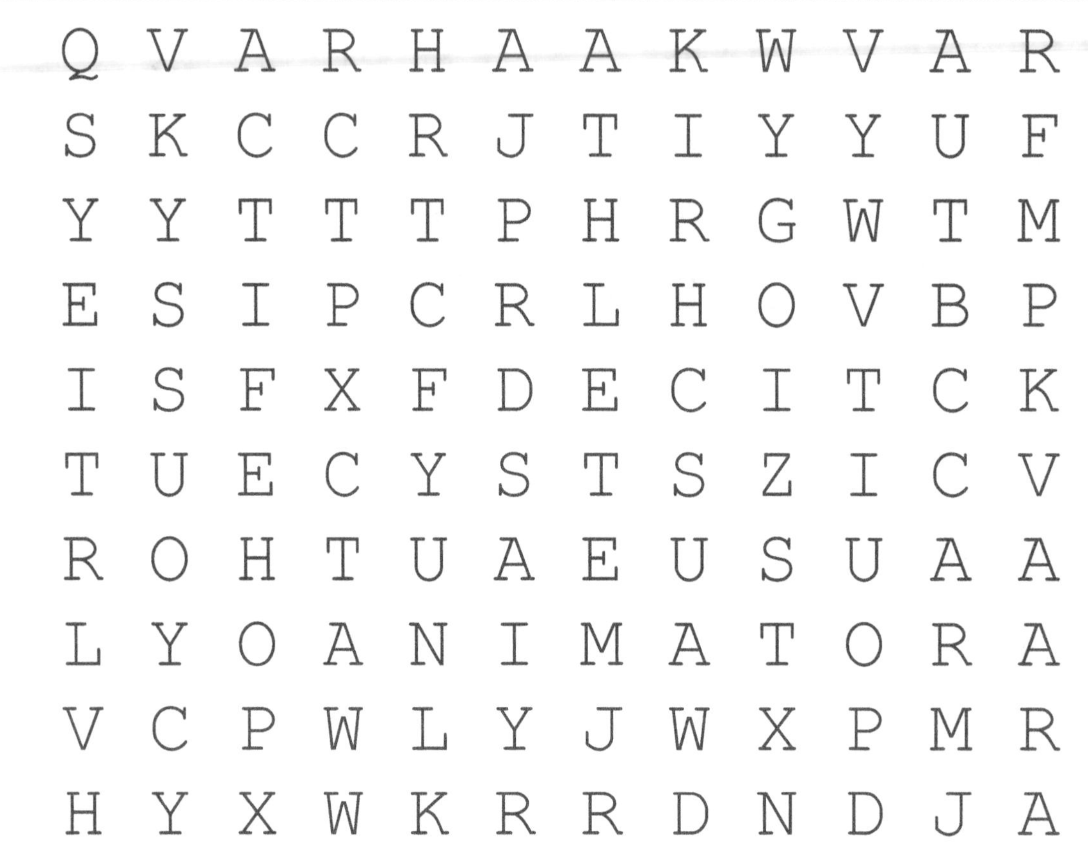

Find the following words in the puzzle

ACTOR	ARTIST
AUTHOR	ANIMATOR
ATHLETE	ACTRESS

Job word Search

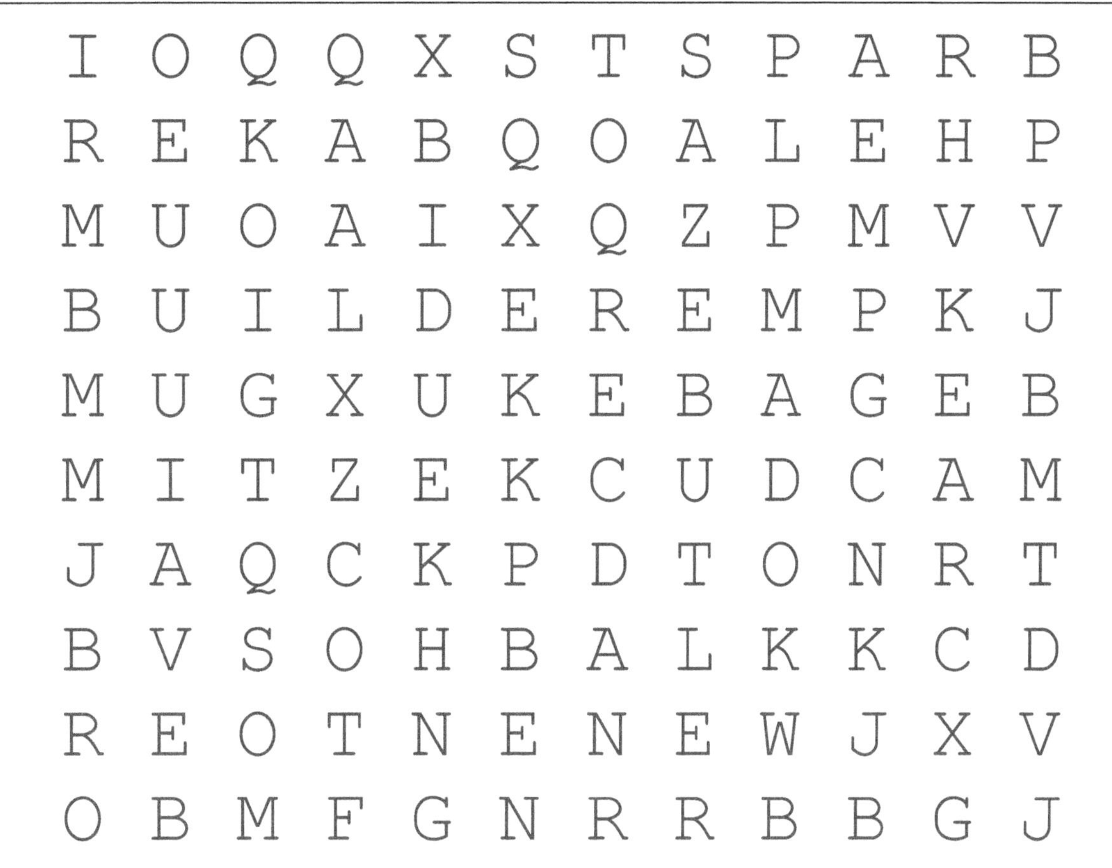

Find the following words in the puzzle

BUTLER	BANKER
BOOKKEEPER	BUILDER
BAKER	BUTCHER

Job word Search

```
C G I I T T Q I N C C K
E O J R O A C L A H A X
P B N A E H M R K C R F
G B R T S H P A H A T K
J Z A W R E C N D O O W
L J A E N A A T O C O T
I T C T J D C V A N N H
X Y E G K A M T F C I X
Q R E I H S A C O M S U
S V J Y A T H O F R T C
```

Find the following words in the puzzle

CASHIER	CARPENTER
CATCHER	CARTOONIST
CONTRACTOR	COACH

Job word Search

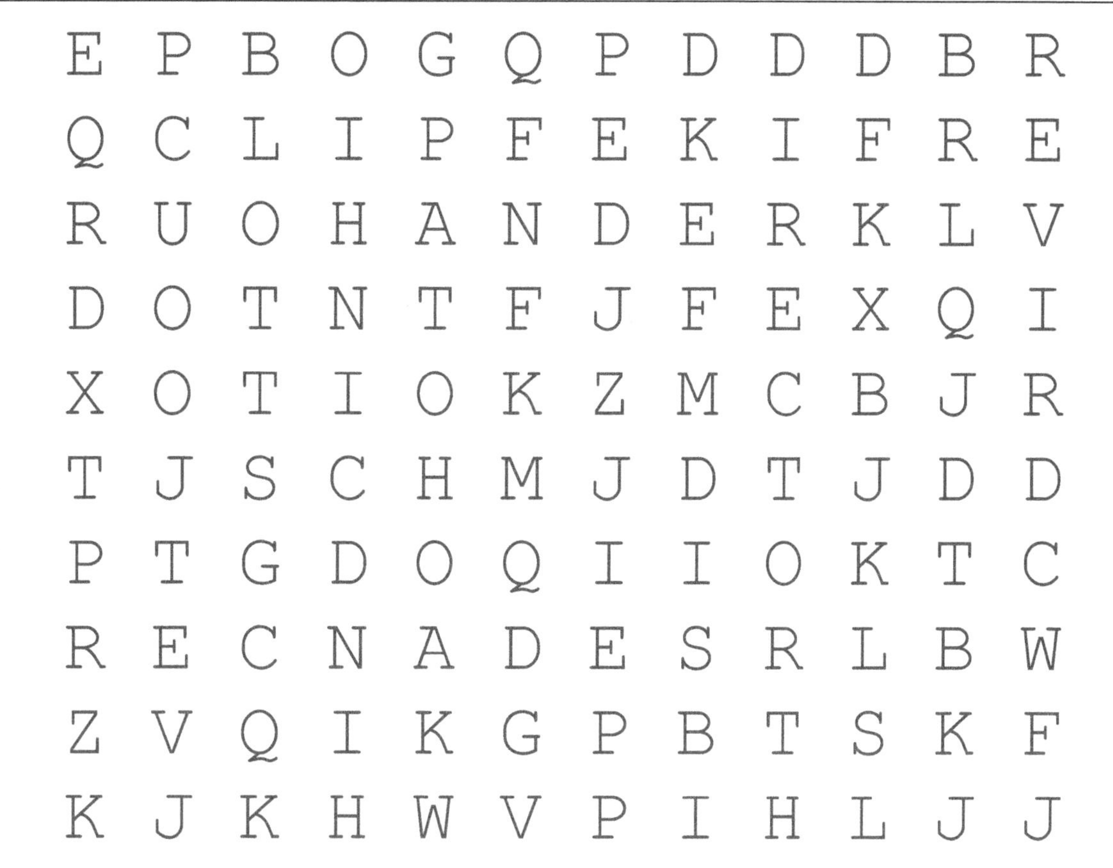

Find the following words in the puzzle

DENTIST	DOCTOR
DRIVER	ECONOMIST
DANCER	DIRECTOR

Job word Search

```
D B I G J Z Z G O N G U
R E I C N A N I F A O L
F P Z R Q P M R S M L A
G A J A T K E X I R F C
Q S R V E N X V C E E V
U L H M E A A T X H R B
V W F D E L C H O S S J
L O R U G R M L I I D K
B A M A J T S N H F R F
G F O R E M A N Q Q G E
```

Find the following words in the puzzle

FINANCIER	GOLFER
GARDENER	FARMER
FISHERMAN	FOREMAN

Job word Search

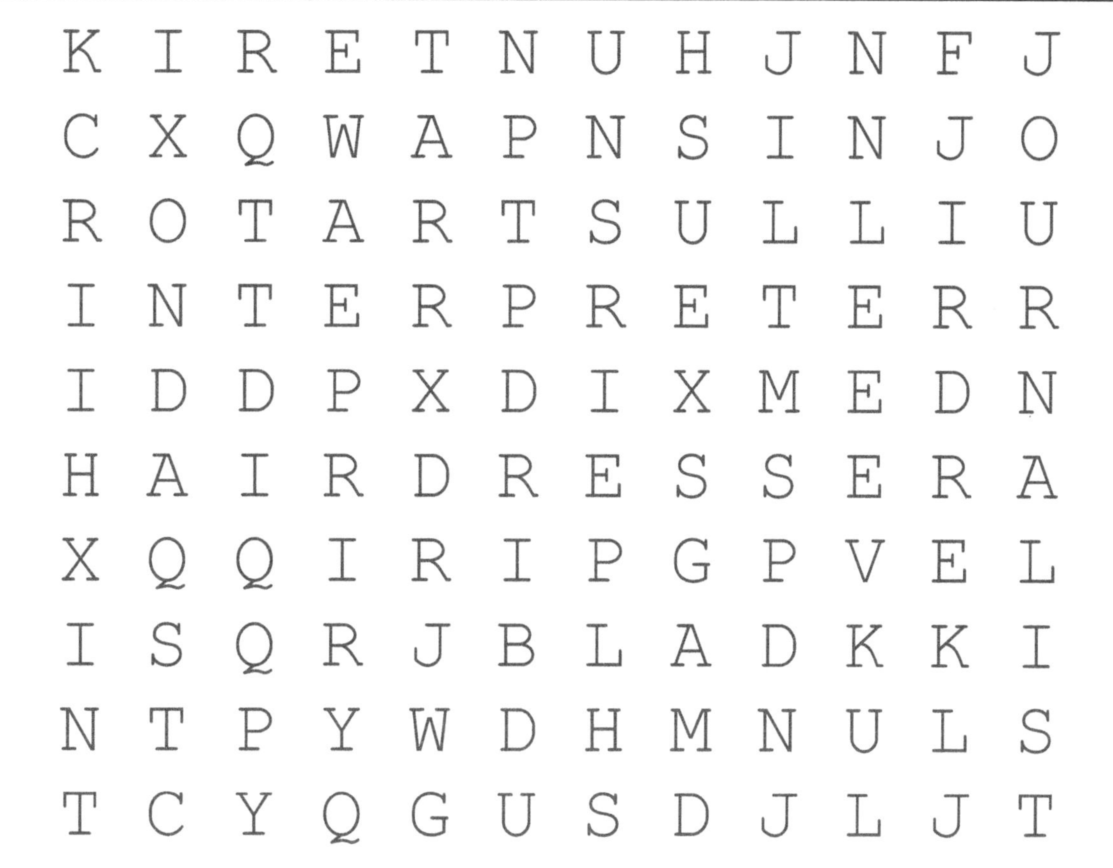

Find the following words in the puzzle

HAIRDRESSER

HUNTER

JOURNALIST

ILLUSTRATOR

JUDGE

INTERPRETOR

Job word Search

```
L B M R N F S Q M R D J
A M X U O K T A E H G N
U F W A U Y G P W M O J
N S J W X I A E J D F X
D H Y H C C H M J I P L
R E K I S G C Q C A I M
E G A D C I N A H C E M
S N N L I B R A R I A N
S A C X P R K K E Y X C
L M Y N U I Z V U S B N
```

Find the following words in the puzzle

MAYOR	MECHANIC
LIBRARIAN	MAGICIAN
LAUNDRESS	TURTLE

Job word Search

```
P L K N R C R N C Q E N
T I O P E R A T O R I A
X U A U Y I F R C F P I
V S S N C N T Q Y D I C
C B K I I P N W F V L I
C N T K A S L Z S J O T
B P R L F U T S Q P T I
O U O T R O O C T E F L
N O S R E P S E L A S O
X L B E O X O B Z S G P
```

Find the following words in the puzzle

OPTICIAN	SALESPERSON
OPERATOR	PIANIST
POLITICIAN	PILOT

Job word Search

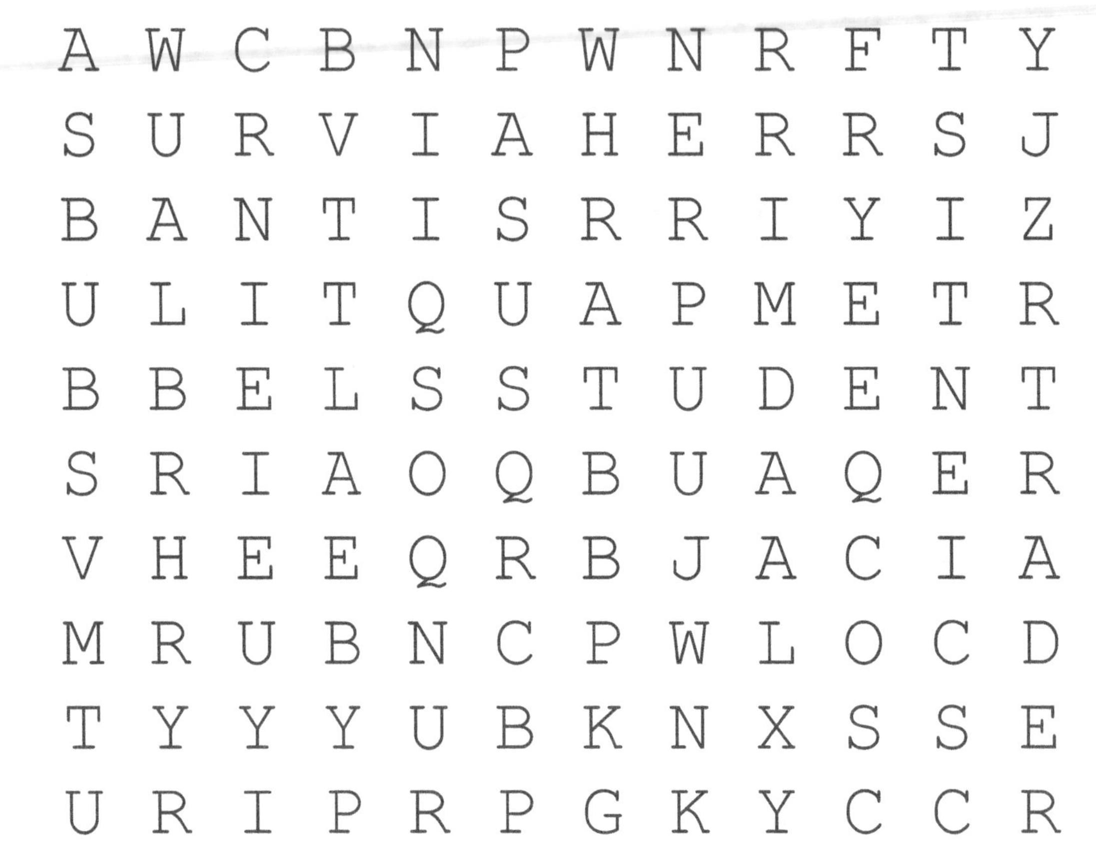

Find the following words in the puzzle

WAITER	SCIENTIST
TRADER	STUDENT
SAILOR	TREASURER

Beach word Search

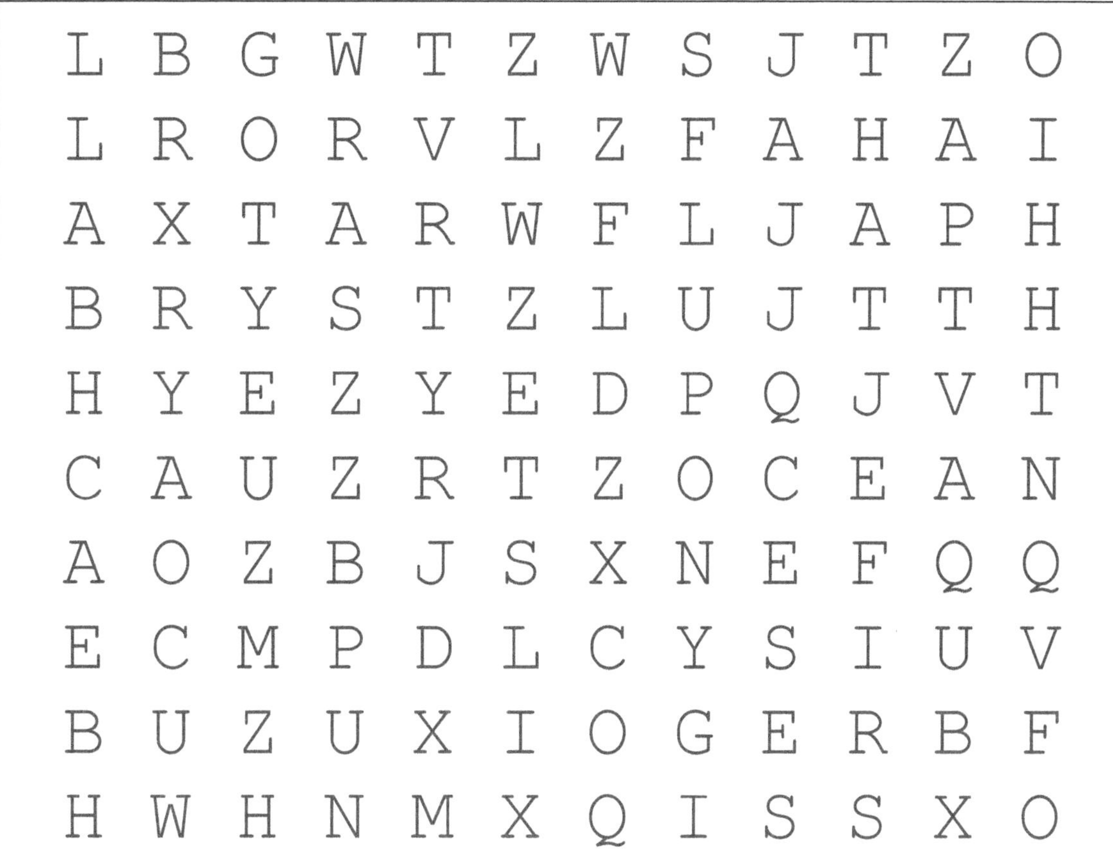

Find the following words in the puzzle

HAT

BEACHBALL

OCEAN

SEA

UMBRELLA

BOAT

Farm word Search

```
S P M W N D F G K W B P
F L Q W R H O C B E E M
H S A M O U U G Y K T D
W B P M C D L O K P P S
K Q P P I D J A X T Z R
L Z K Q G N M G L G V P
K N O Q N O A O T H D L
E R U T L U C I R G A R
Z T P E A M D P U O I B
K R B S E L T C X V J D
```

Find the following words in the puzzle

ANIMALS	DUCK
BEE	AGRICULTURE
CORN	DOG

Farm word Search

```
G R A I N S D N A L E H
L W O Q F M O N I J N F
U J J D P K B B O Y Q S
G U K X R B M H J L M G
H J X X Q G C O C B I B
R O C C M M V N N O K B
I V R N H H D E F E F P
B V L S F S X Y I O H L
Q O I S E D D P O M N D
L N C V H H V D S T Y X
```

Find the following words in the puzzle

FOOD	HONEY
HEN	HORSE
GRAINS	LAND

Farm word Search

```
T O L N G R H A Y U P M
I M J H E I O I A I N E
B R Z T C G P T B Z M C
B Y A K L V H I C F U M
A W E E D S B N C A E Z
R R E T S O O R E K R T
W S M L J C G U O T T T
B T K F P P T X Q H P Q
X G L F A R D M N T U K
N T Z L Q R H H B A Y P
```

Find the following words in the puzzle

WEEDS	PICK
TRACTOR	RABBT
WATER	ROOSTER

Time word Search

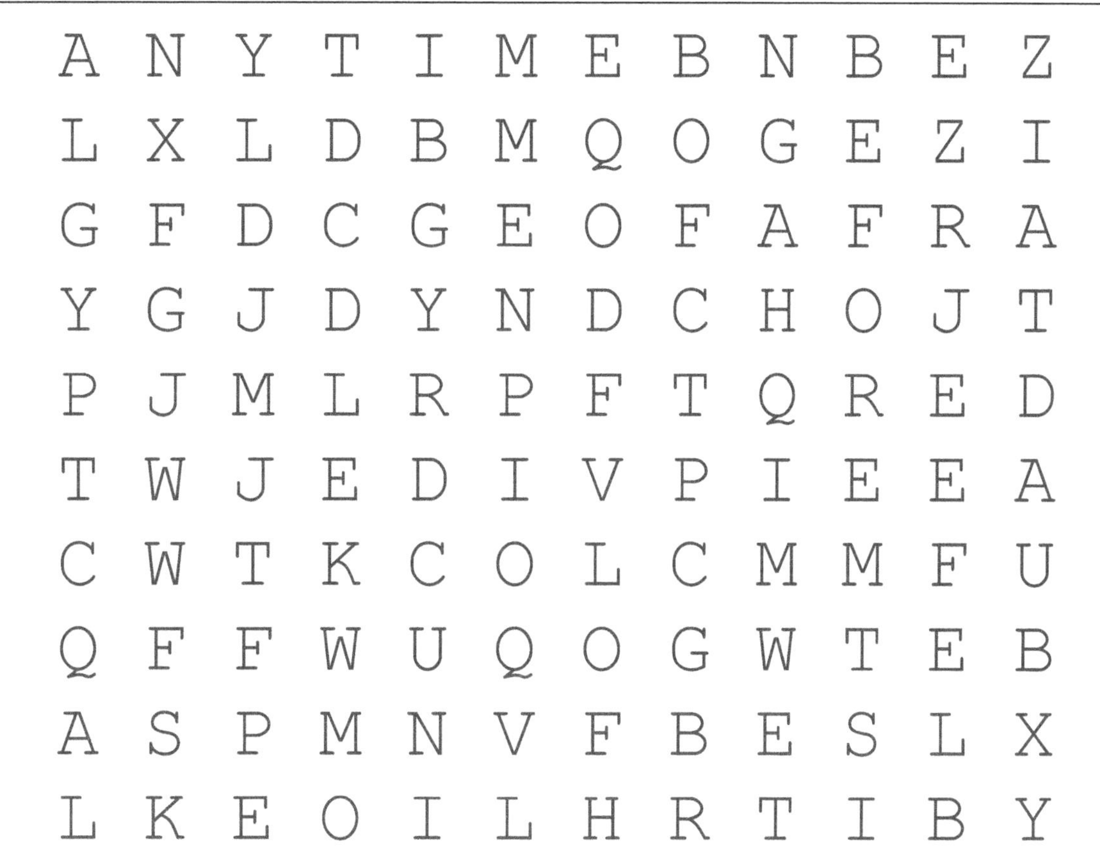

Find the following words in the puzzle

AFTER

BEDTIME

ANYTIME

AFTERNOON

CLOCK

BEFORE

Time word Search

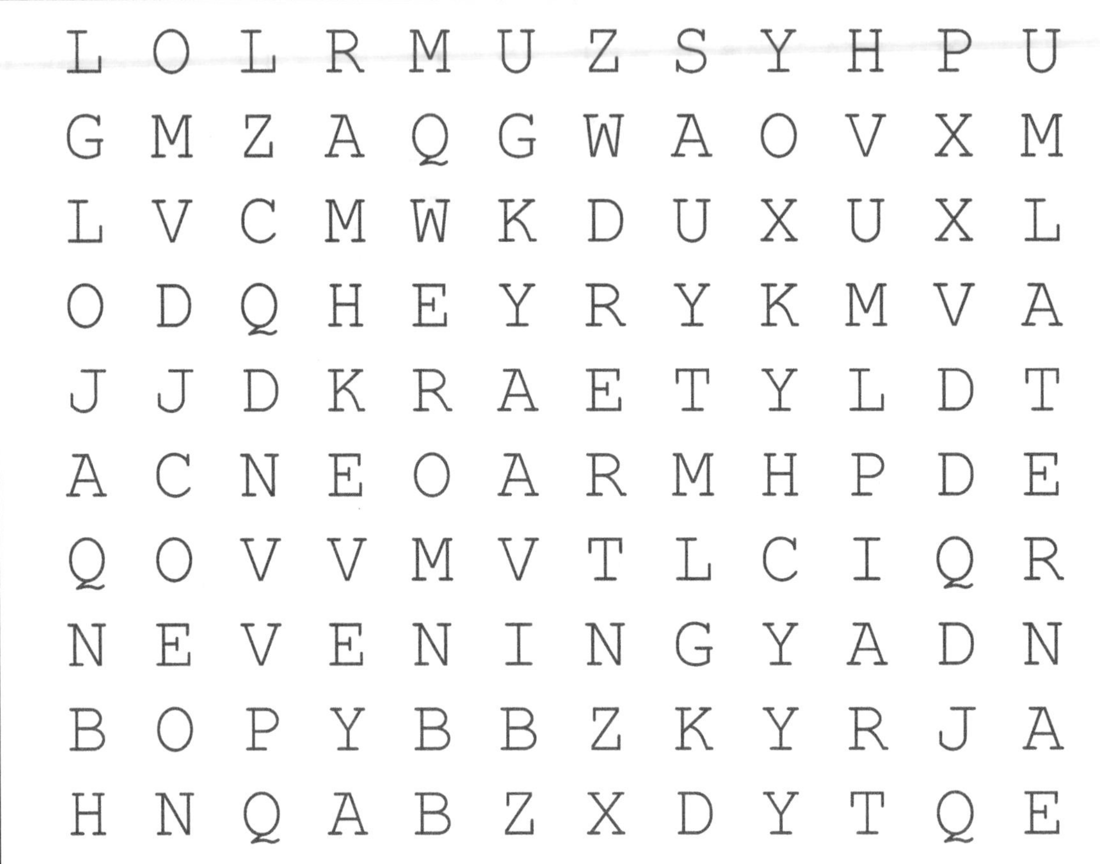

Find the following words in the puzzle

HOUR

LATER

EVERYDAY

DAY

EVENING

EARLY

Time word Search

```
M  T  H  G  I  N  Z  M  C  K  O  J
W  I  J  T  Z  K  I  O  G  G  V  T
P  A  D  D  S  N  G  R  D  N  K  B
Y  V  Q  N  U  A  E  N  M  V  E  H
H  D  E  T  I  S  P  I  Z  H  E  S
L  B  E  W  X  G  D  N  D  G  F  C
A  W  S  N  D  W  H  G  N  Z  H  G
Y  P  H  E  X  O  W  T  B  L  S  X
U  R  O  W  R  N  X  M  M  C  F  J
U  M  N  K  D  G  W  N  O  A  T  H
```

Find the following words in the puzzle

NIGHT	MIDNIGHT
NOW	MINUTE
PAST	MORNING

Time word Search

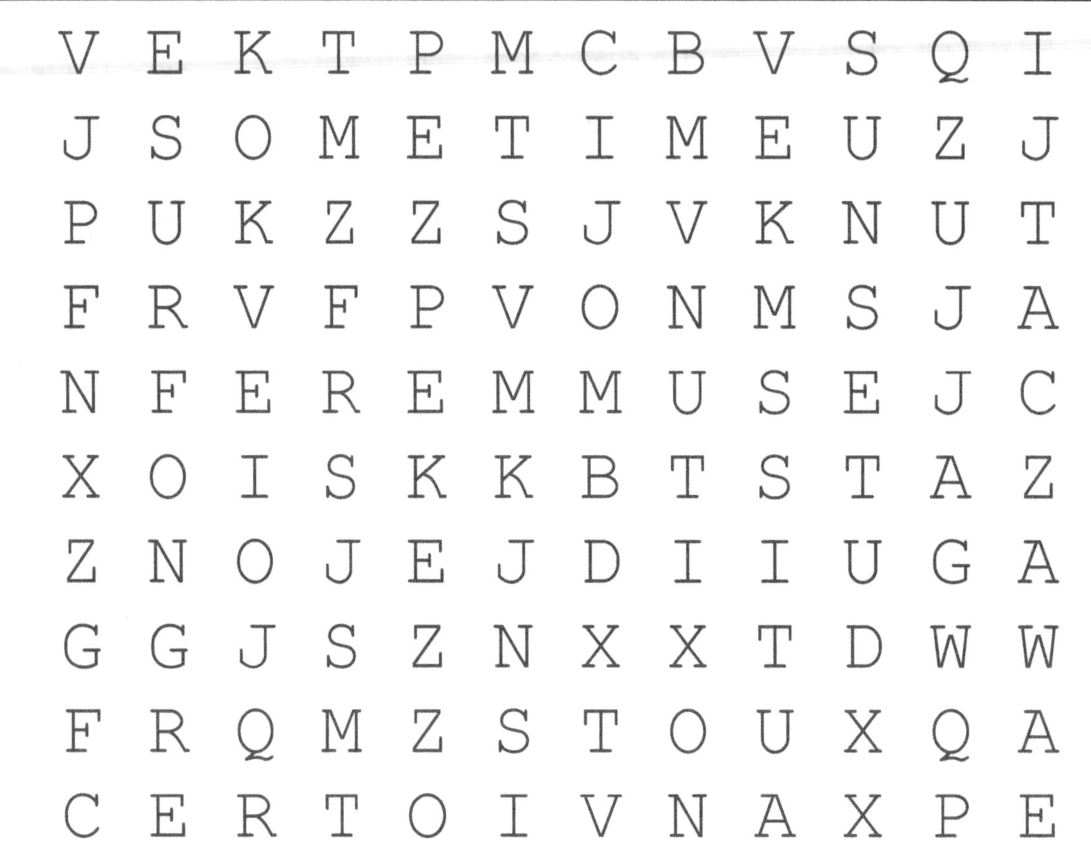

Find the following words in the puzzle

SUNSET

SPRING

SOMETIME

SUMMER

PRESENT

SOON

Time word Search

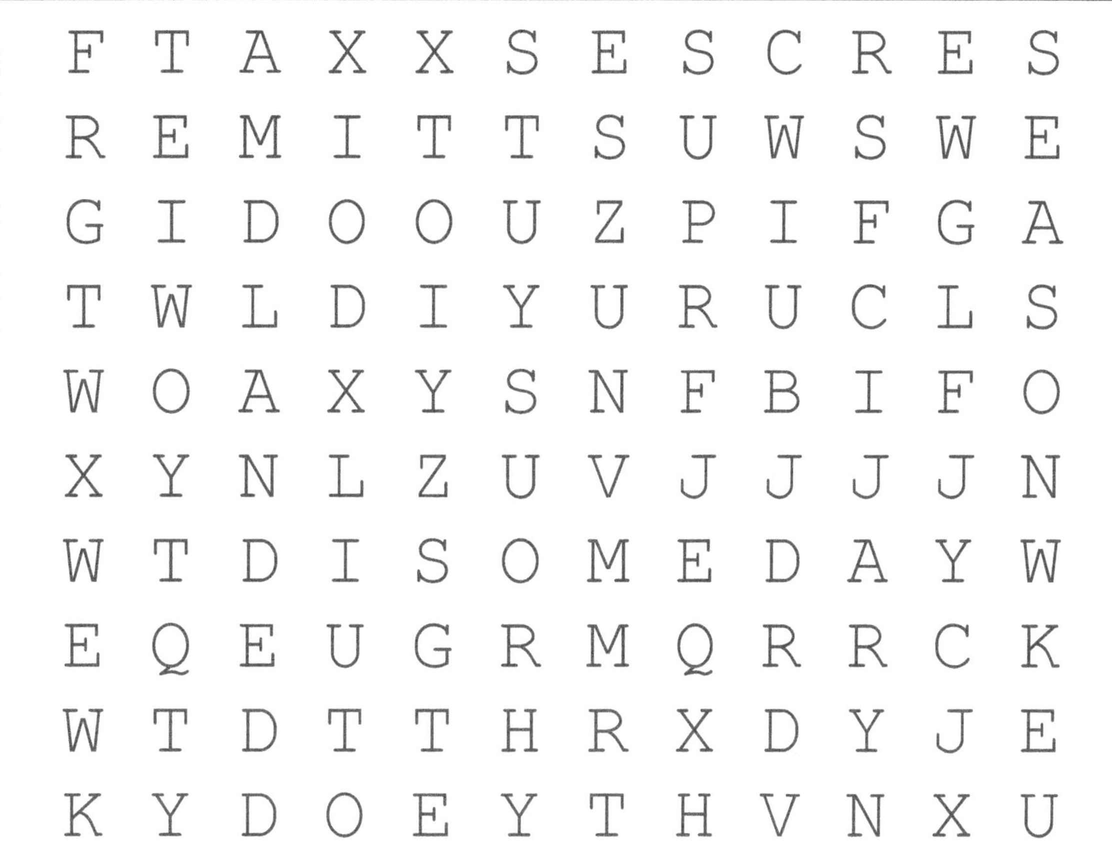

Find the following words in the puzzle

TONIGHT

SUNRISE

TIMER

TODAY

SOMEDAY

TURTLE

Time word Search

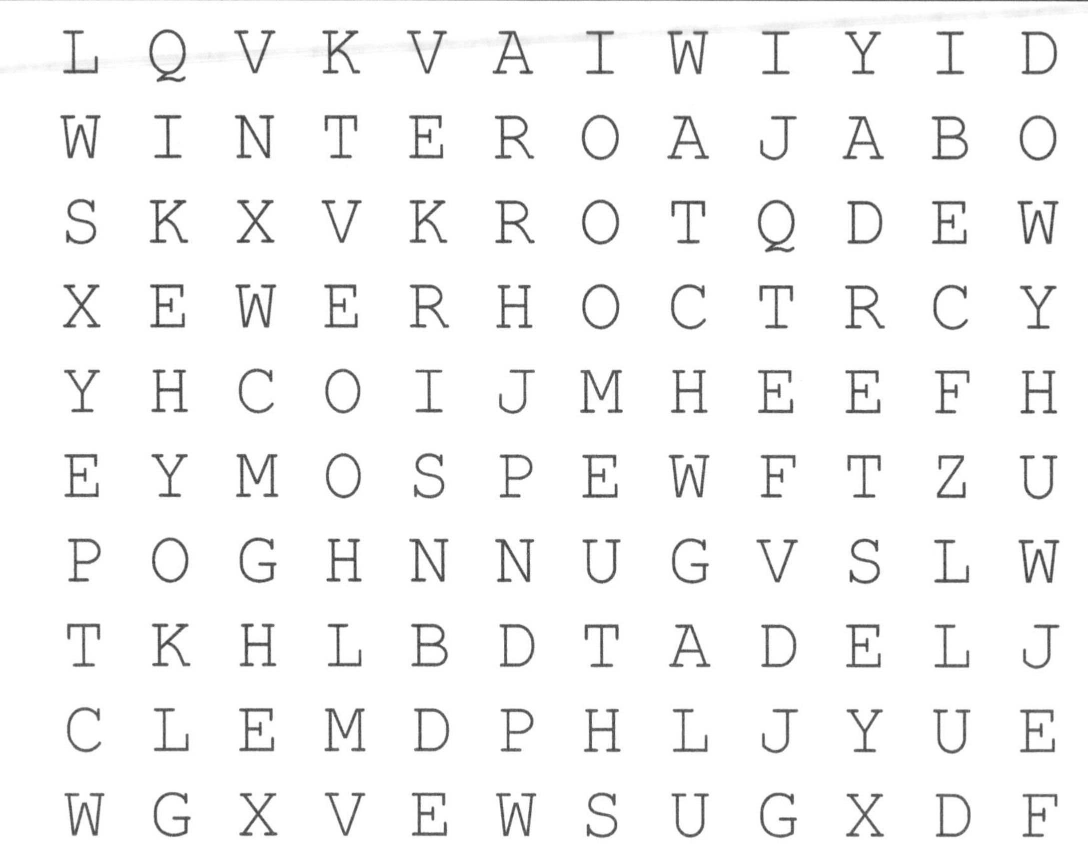

Find the following words in the puzzle

YESTERDAY

WINTER

THEN

TOMORROW

SECOND

WATCH

Restaurant word Search

```
P  K  B  Q  Z  B  U  T  T  E  R  E
G  S  E  A  A  C  Q  S  E  K  A  C
B  Y  E  E  A  N  A  B  K  H  N  S
L  I  F  F  A  F  T  B  R  U  G  N
U  T  E  U  K  R  Y  R  E  E  L  D
S  Q  P  A  N  J  N  M  G  F  A  Y
Q  C  E  C  F  J  I  H  E  W  U  D
H  R  I  G  J  M  H  D  Q  F  S  G
B  R  H  C  K  I  J  I  T  K  V  X
F  O  Z  Y  E  A  E  Z  I  S  O  M
```

Find the following words in the puzzle

CAKE	CAFE
BREAKFAST	BEEF
BREAD	BUTTER

Restaurant word Search

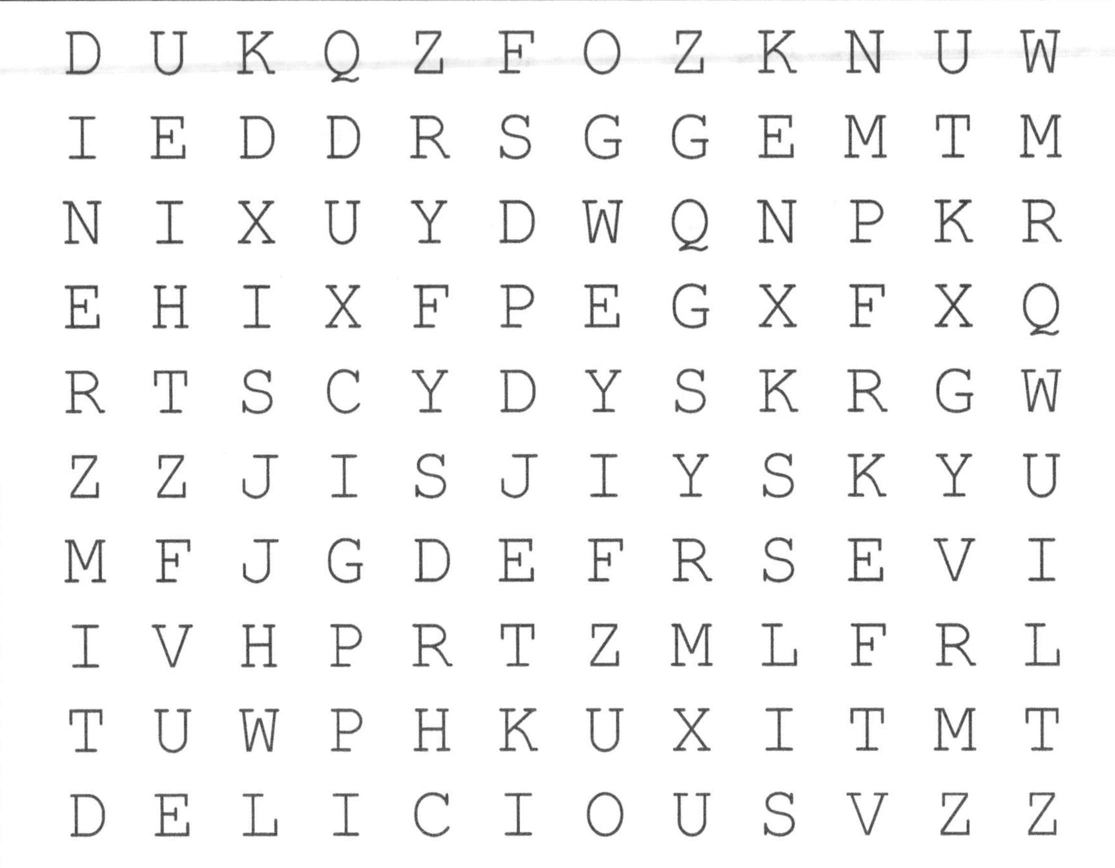

Find the following words in the puzzle

FRUIT	EGGS
DESSERT	DINNER
DISH	DELCIOUS

Restaurant word Search

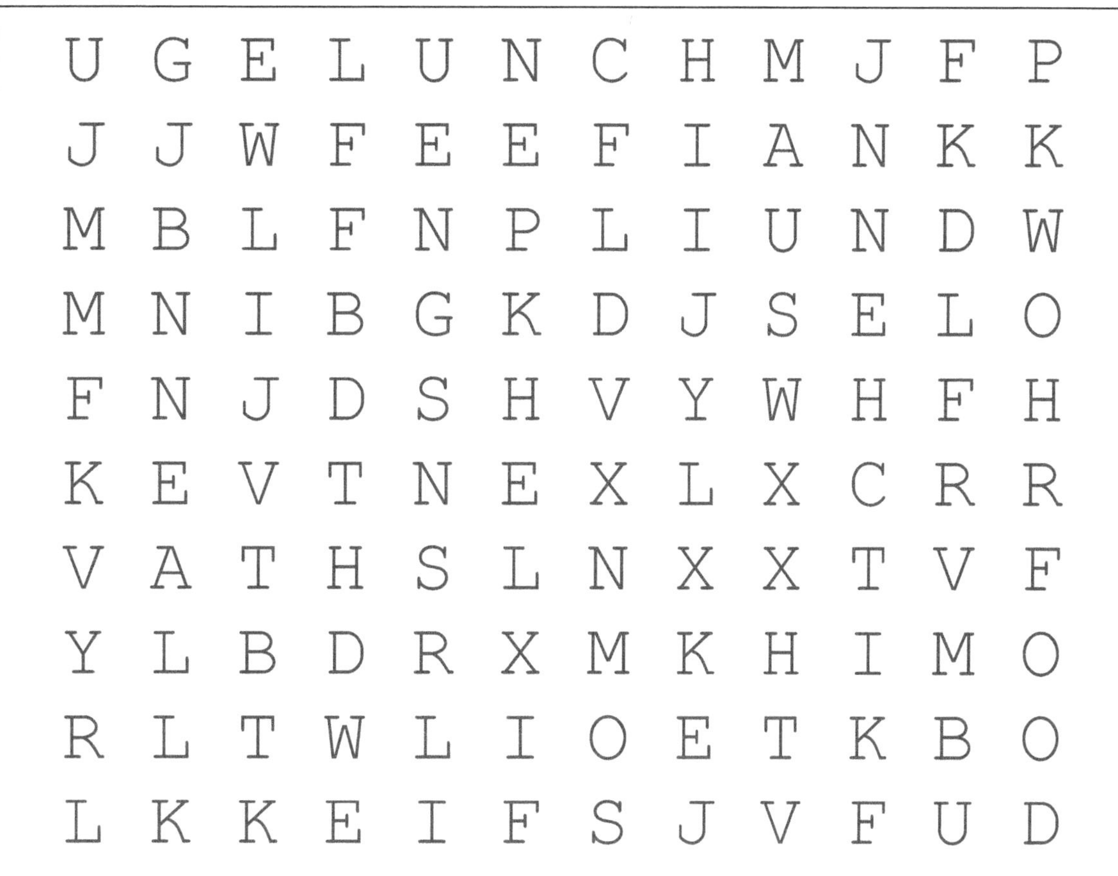

Find the following words in the puzzle

FOOD	FISH
KNIFE	LUNCH
MILK	KITCHEN

Restaurant word Search

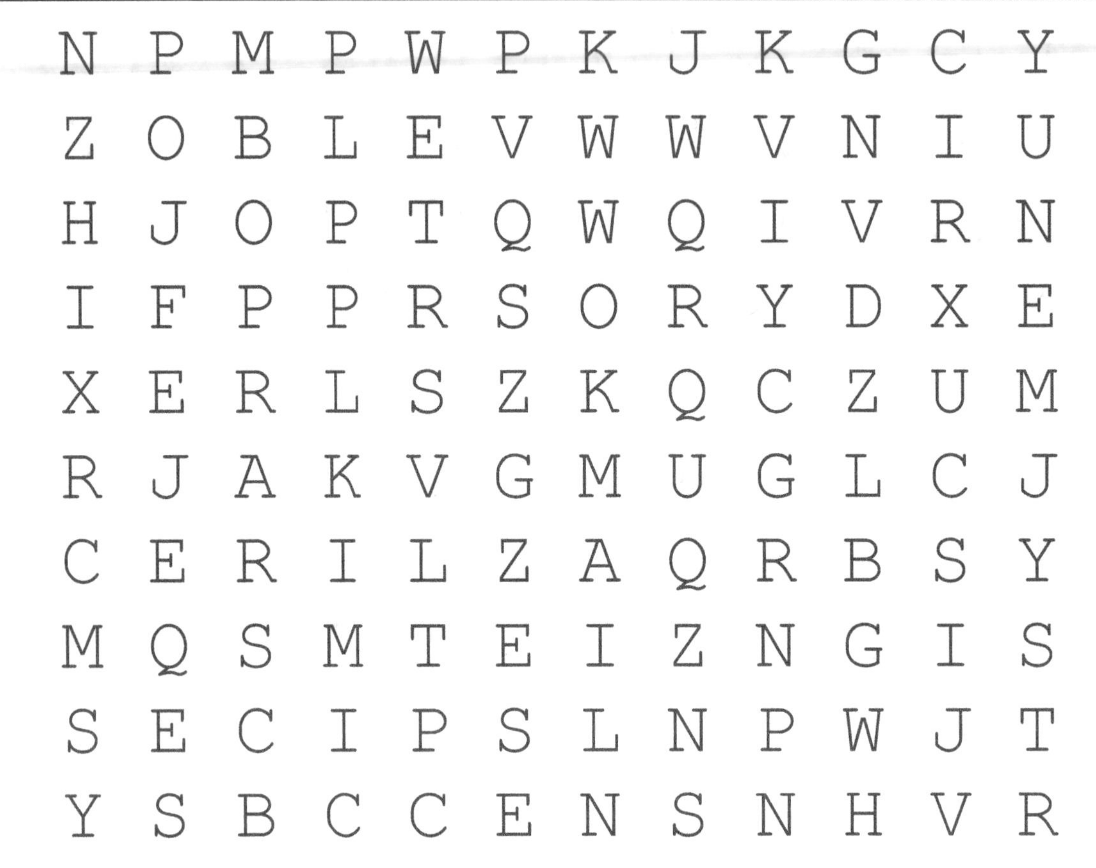

Find the following words in the puzzle

MUG

SPOON

SPICES

MEAL

MENU

PEPPER

Restaurant word Search

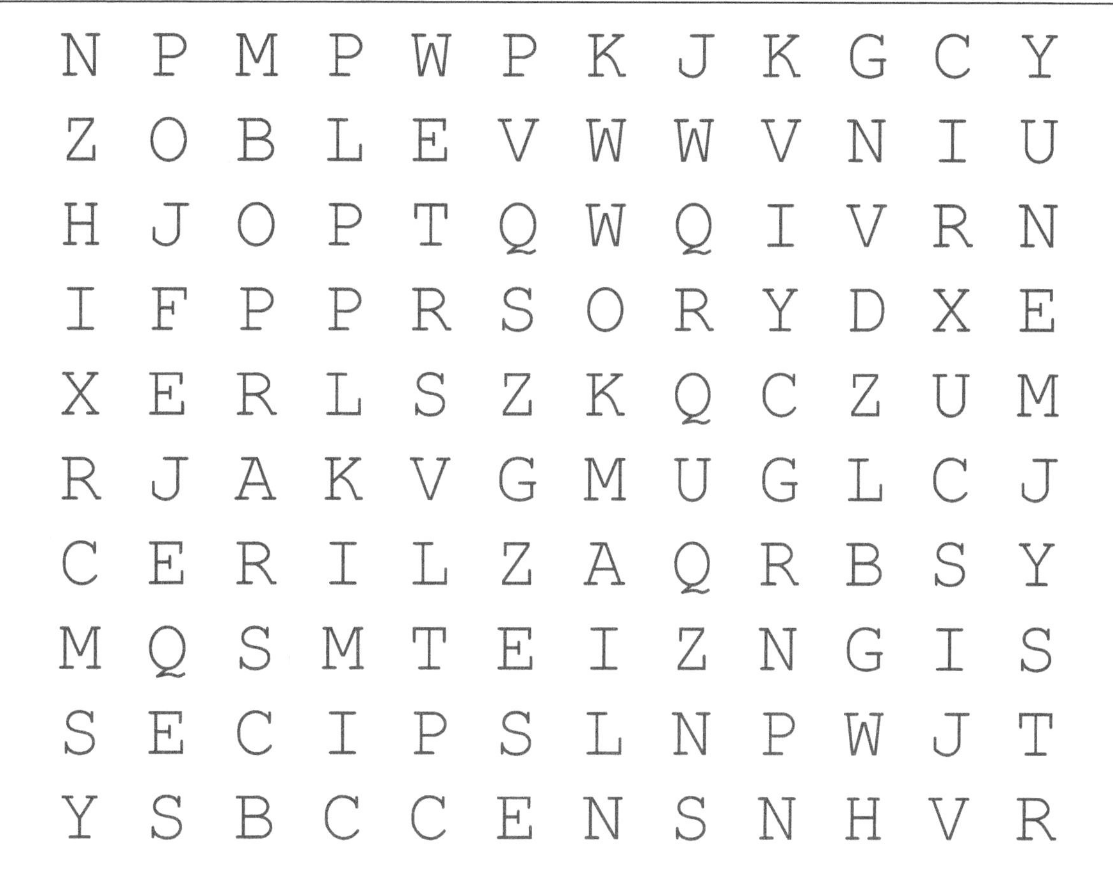

Find the following words in the puzzle

MUG

SPOON

SPICES

MEAL

MENU

PEPPER

Restaurant word Search

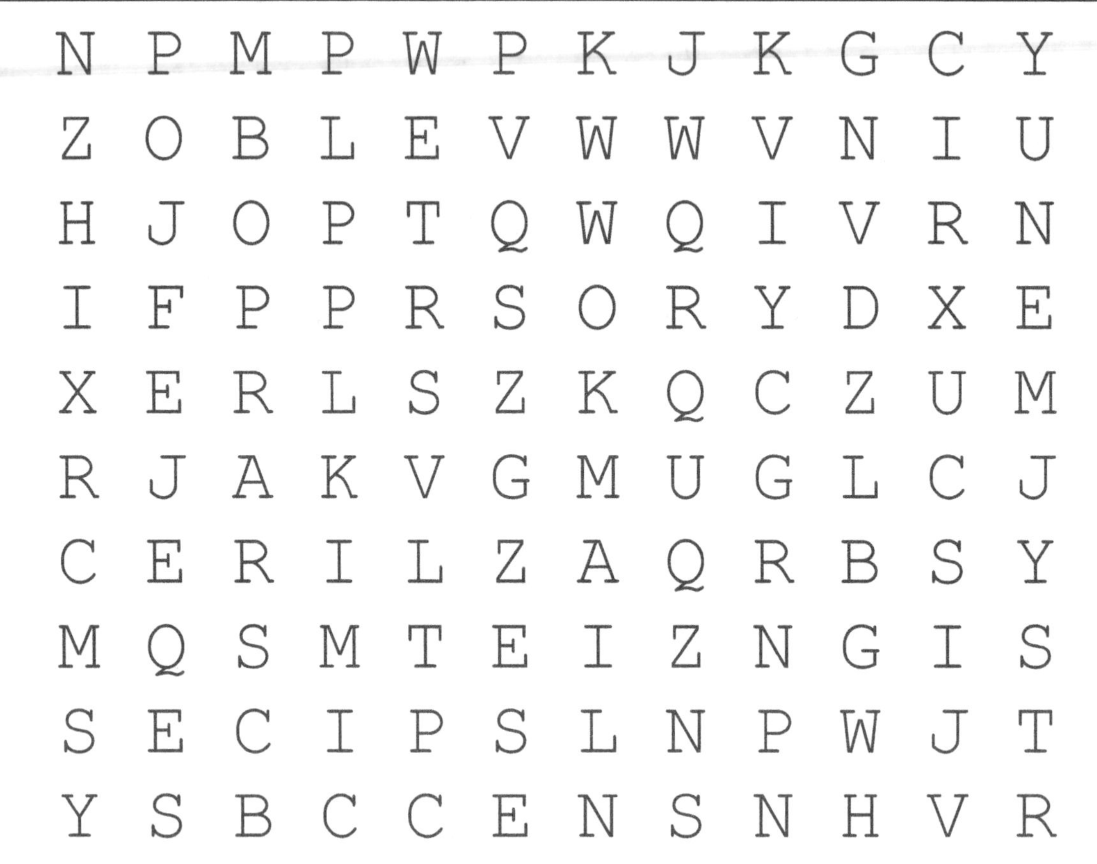

Find the following words in the puzzle

MUG	SPOON
SPICES	MEAL
MENU	PEPPER

Restaurant word Search

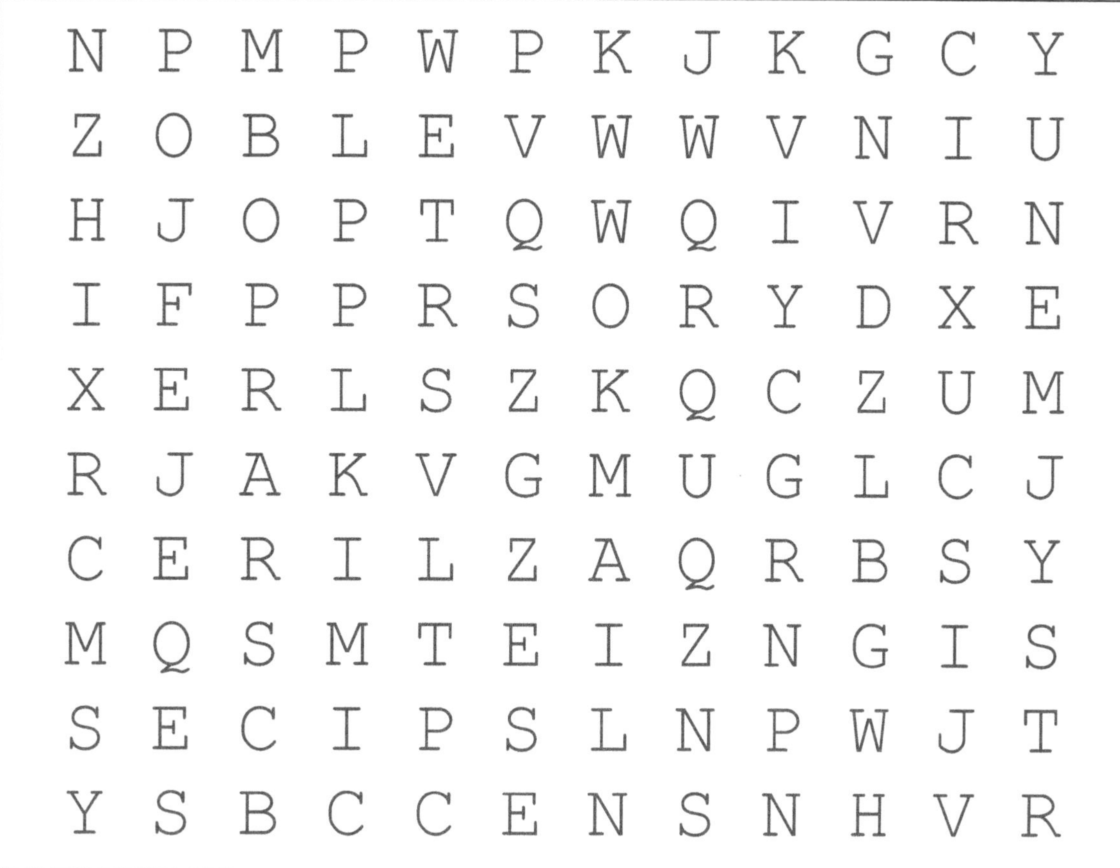

Find the following words in the puzzle

MUG	SPOON
SPICES	MEAL
MENU	PEPPER

Restaurant word Search

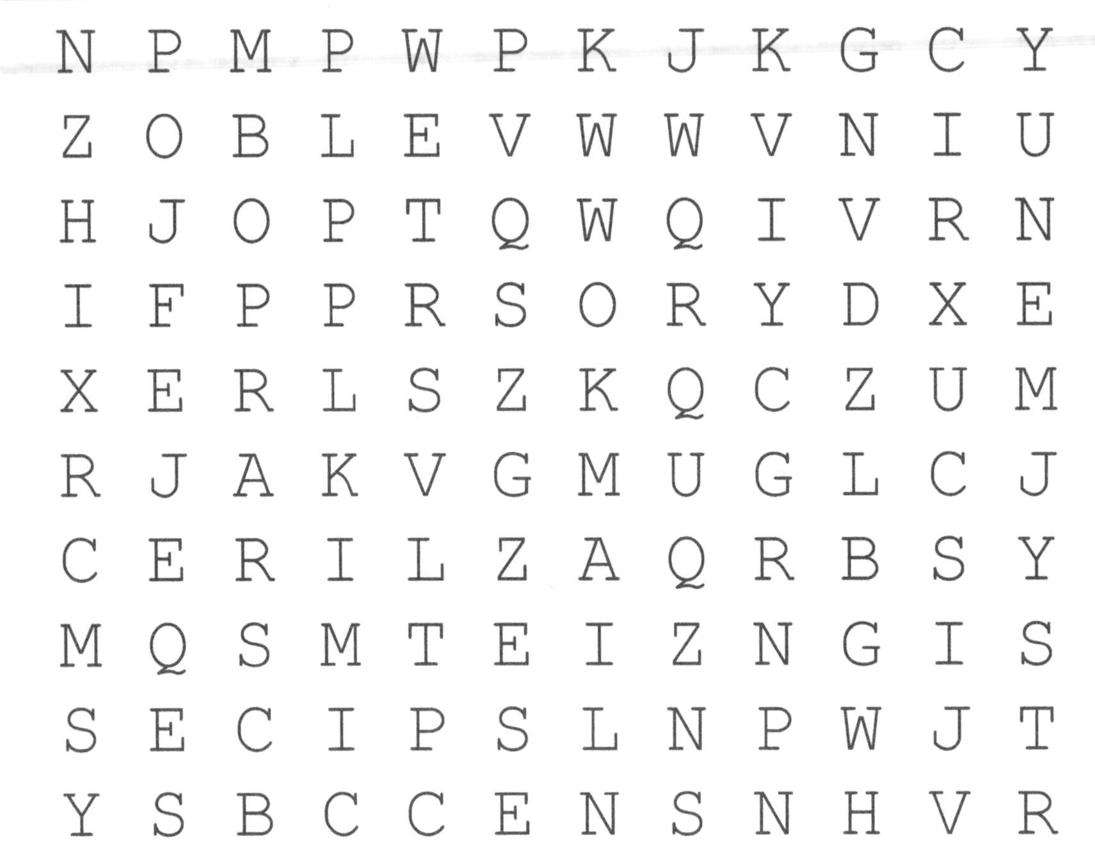

Find the following words in the puzzle

MUG

SPOON

SPICES

MEAL

MENU

PEPPER

Restaurant word Search

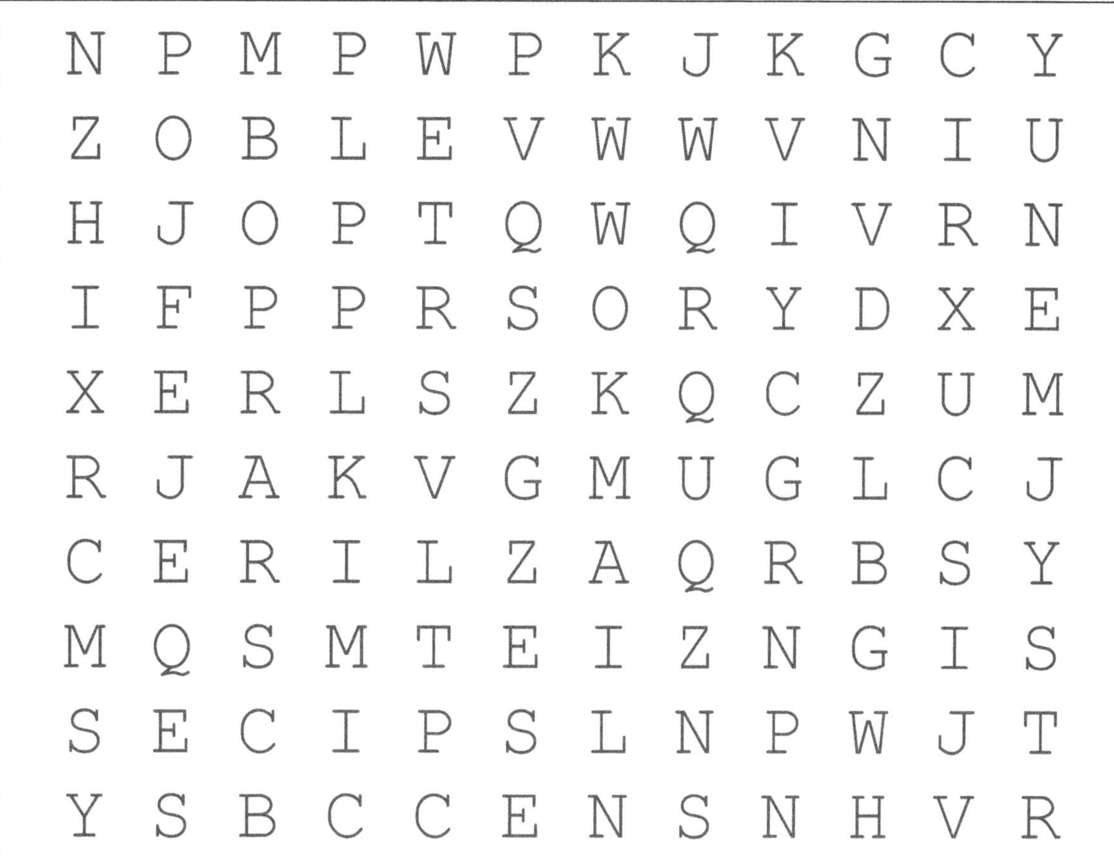

Find the following words in the puzzle

MUG

SPOON

SPICES

MEAL

MENU

PEPPER

Restaurant word Search

Find the following words in the puzzle

MUG	SPOON
SPICES	MEAL
MENU	PEPPER

Restaurant word Search

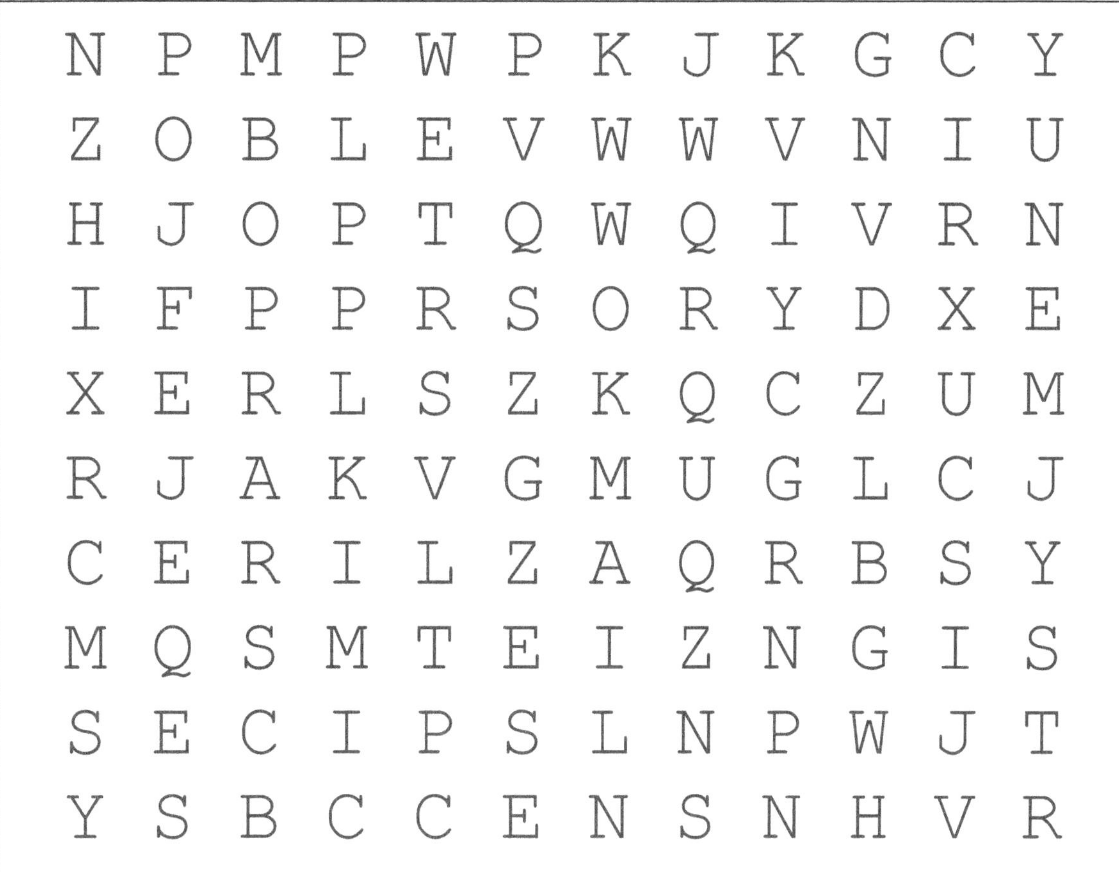

Find the following words in the puzzle

MUG

SPOON

SPICES

MEAL

MENU

PEPPER

Restaurant word Search

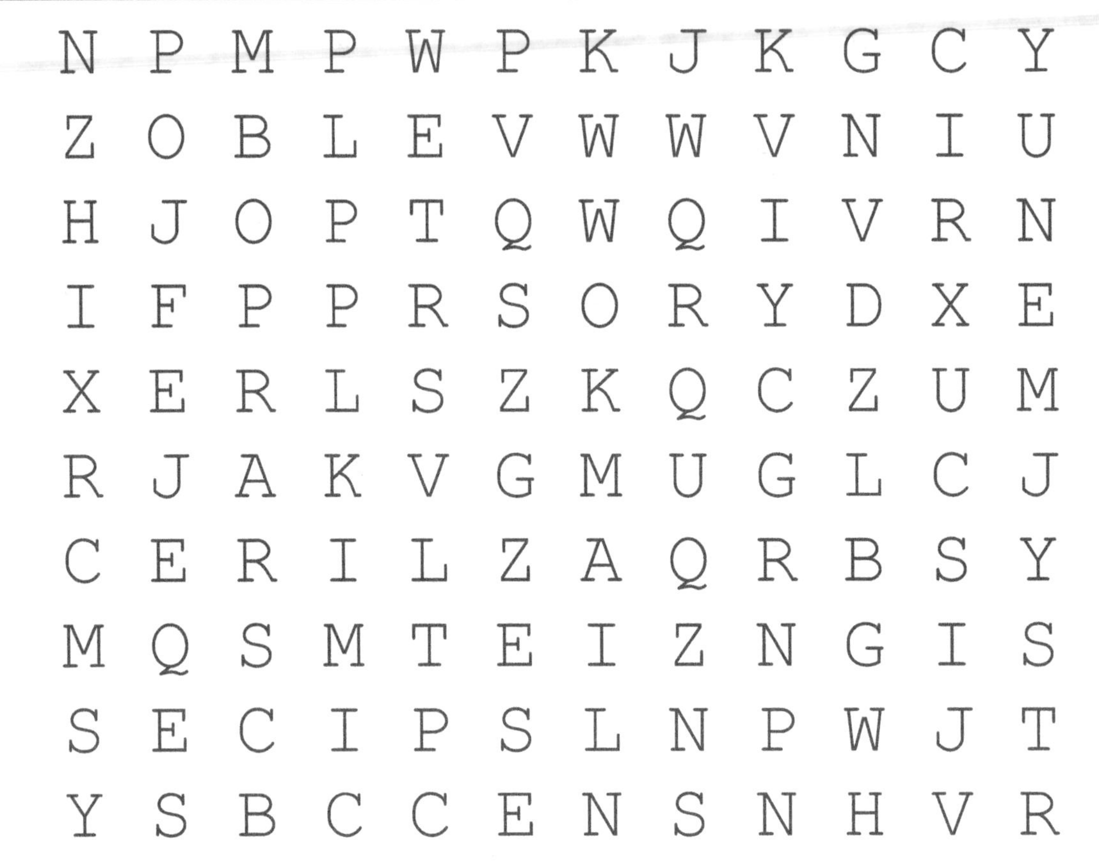

Find the following words in the puzzle

MUG

SPOON

SPICES

MEAL

MENU

PEPPER

Restaurant word Search

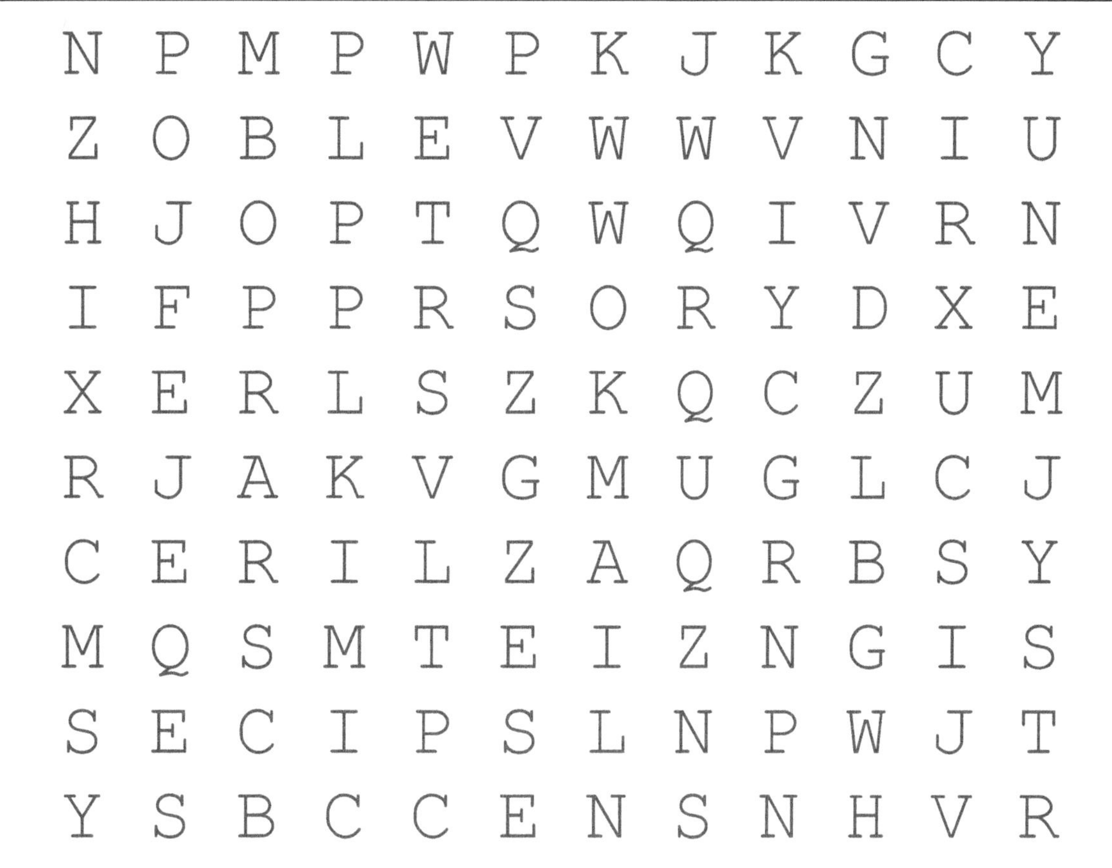

Find the following words in the puzzle

MUG

SPOON

SPICES

MEAL

MENU

PEPPER

Restaurant word Search

Find the following words in the puzzle

MUG	SPOON
SPICES	MEAL
MENU	PEPPER

Restaurant word Search

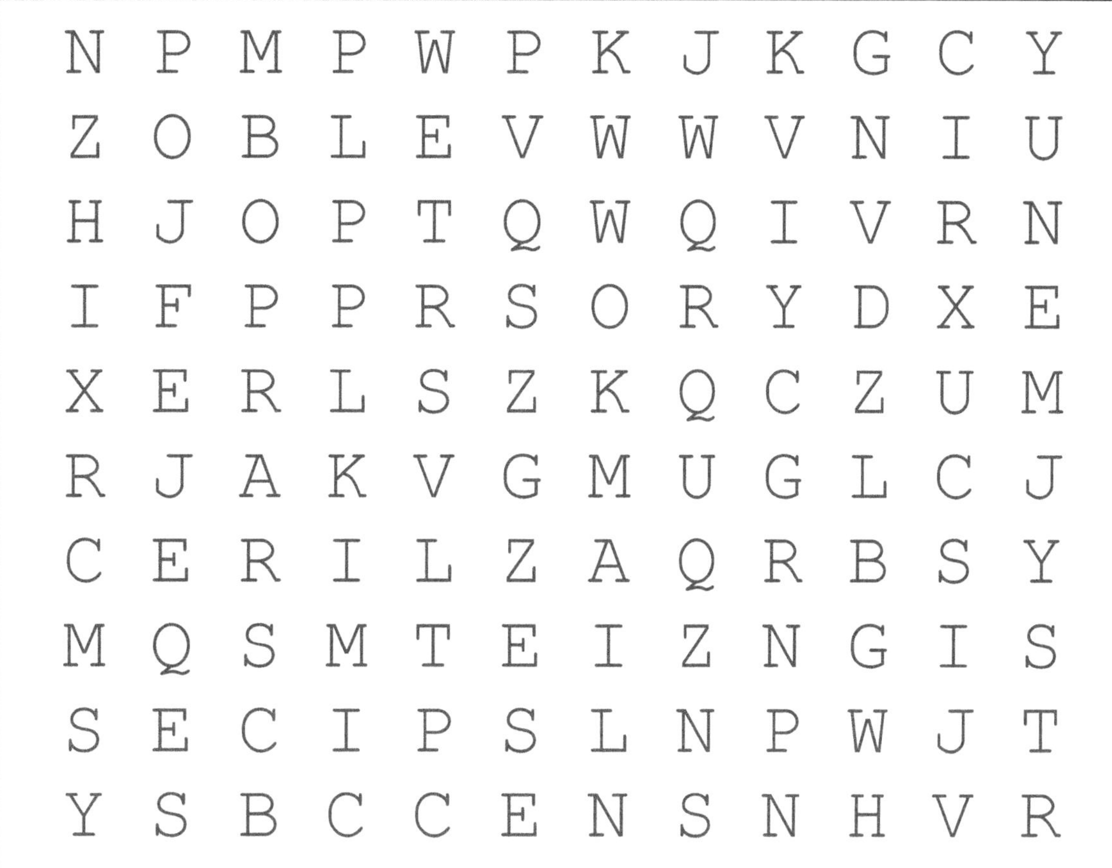

Find the following words in the puzzle

MUG

SPOON

SPICES

MEAL

MENU

PEPPER

Restaurant word Search

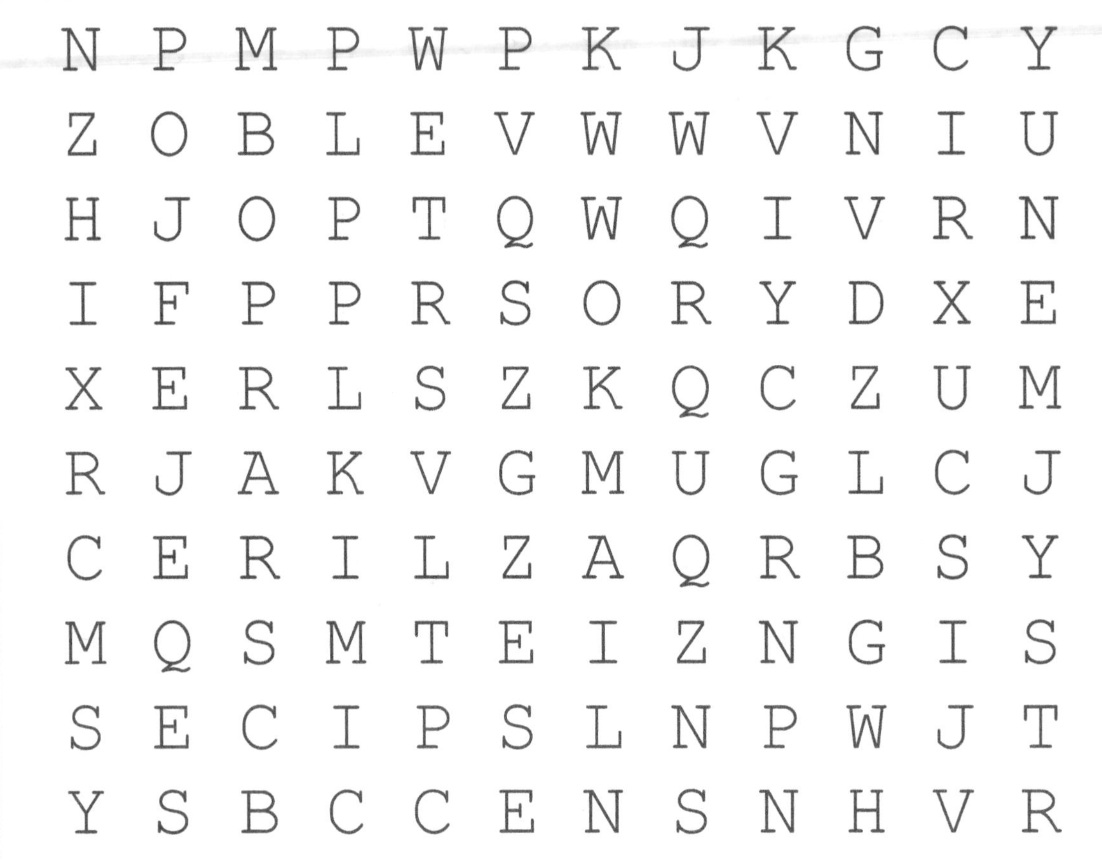

Find the following words in the puzzle

MUG	SPOON
SPICES	MEAL
MENU	PEPPER

Restaurant word Search

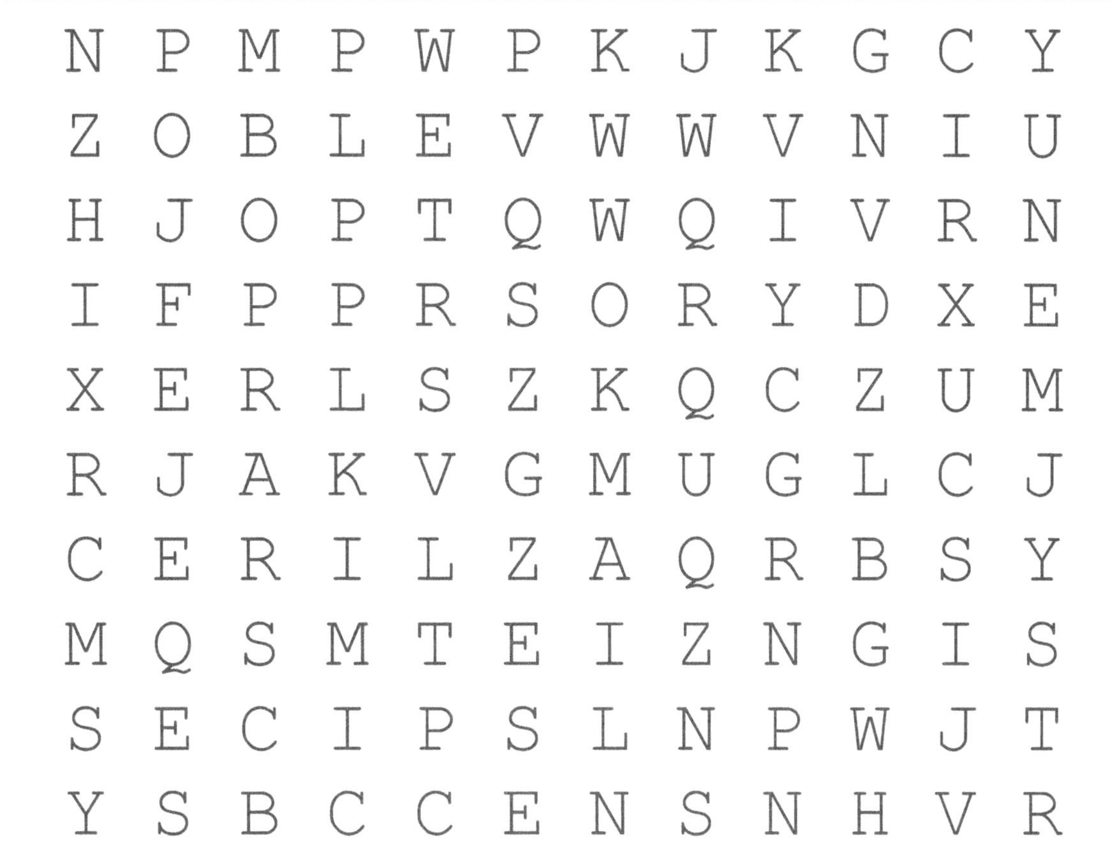

Find the following words in the puzzle

MUG	SPOON
SPICES	MEAL
MENU	PEPPER

Restaurant word Search

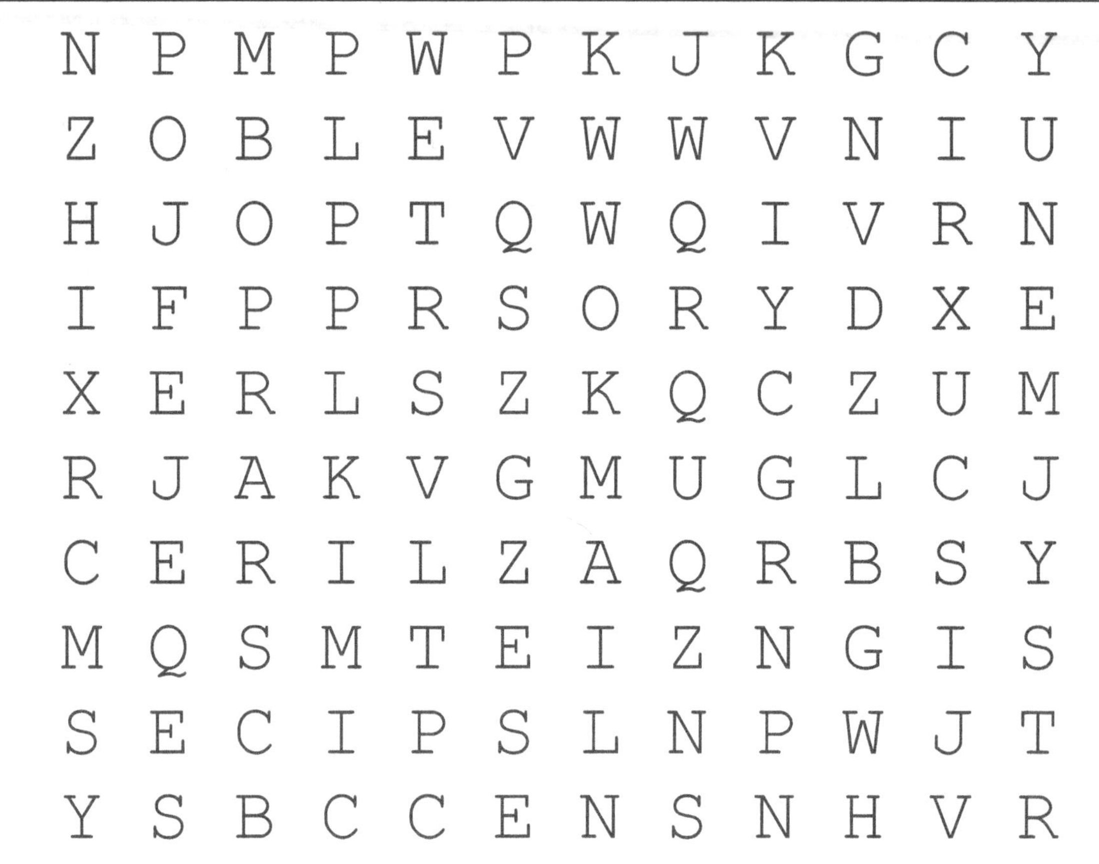

Find the following words in the puzzle

MUG	SPOON
SPICES	MEAL
MENU	PEPPER

Restaurant word Search

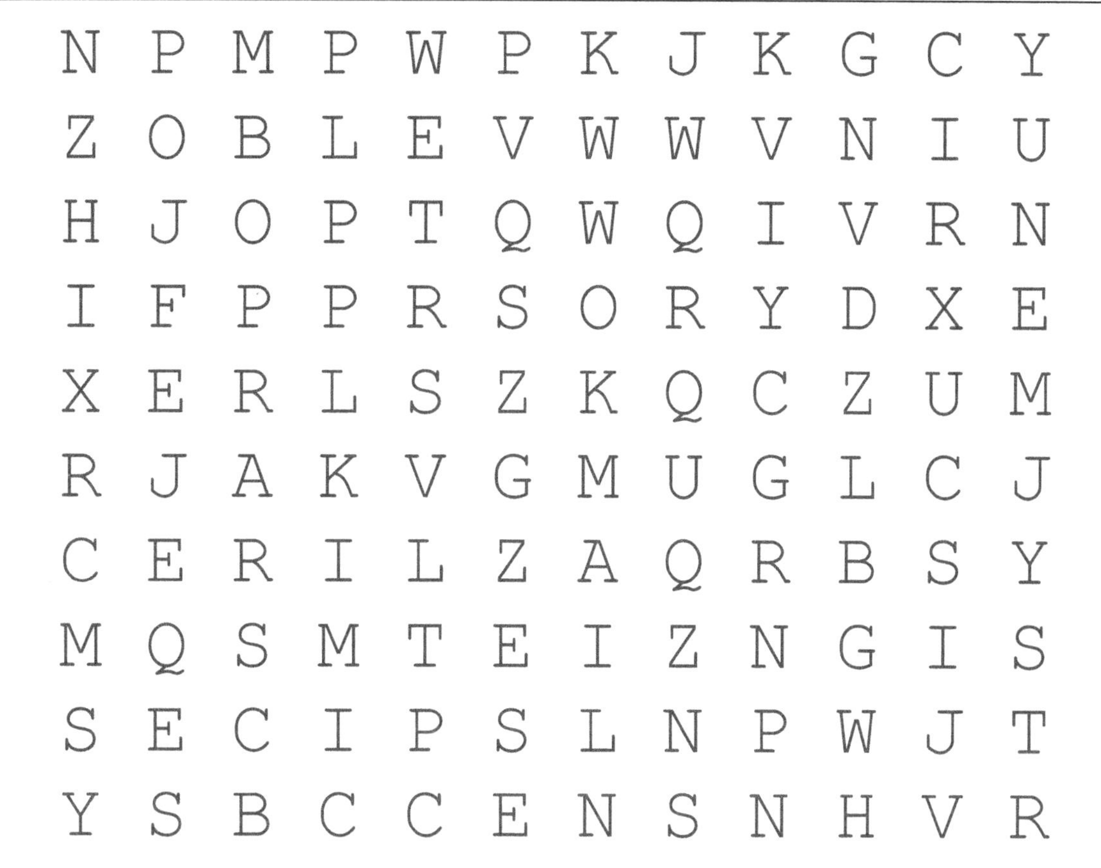

Find the following words in the puzzle

MUG

SPOON

SPICES

MEAL

MENU

PEPPER

Restaurant word Search

Find the following words in the puzzle

MUG

SPOON

SPICES

MEAL

MENU

PEPPER